Bruno Sandkühler

Lernen Kinder mit dem Kopf?

Elternfragen an die Schule

Herausgegeben von Hans-Joachim Mattke
und Bruno Sandkühler

Elternfragen an die Schule: Die Zusammenarbeit zwischen Elternhaus und Schule wird in Zukunft immer wichtiger. Ständiger Kontakt, reibungslose Verständigung und viel gegenseitiges Vertrauen sind erforderlich. Eltern wie Schule tragen große Verantwortung für die Erziehung in einer immer komplexer werdenden Welt. Eltern müssen Schule hinter- und befragen können. Das gilt insbesondere für Schulen, die bewusst ausgewählt werden; Waldorfschulen werden daher in der Reihe «Elternfragen an die Schule» besonders angesprochen. Viele Themen führen aber auch über diesen Schulzusammenhang hinaus. Die Reihe dient als Einführung, Ratgeber und Begleiter für Eltern beim Gang ihrer Kinder durch die Schule.

Zum Buch:
«Probieren geht über studieren», sagt man gemeinhin, ohne sich die tiefere Bedeutung des Sprichworts klarzumachen: dass der Weg des menschlichen Lernens grundsätzlich über das Tun und Erleben zum Verstehen führt. Kinder gehen von sich aus immer den Weg des Probierens und lernen dadurch leichter. Manuelle Fähigkeiten verwandeln sich im Laufe der kindlichen Entwicklung in entsprechende Begabungen auf intellektuellem Gebiet. Das macht Bruno Sandkühler an vielen Beispielen und Forschungsergebnissen deutlich. Er zeigt auf, wie gedankliche, praktische und künstlerische Komponenten einander ergänzen. Die Schule kommt daher dem Lernprozess entgegen, wenn sie die kopfmäßige Beschäftigung durch praktisches Tun vorbereitet bzw. unterstützt und den Zeitpunkt für solche Umwandlungsprozesse beachtet. Für die Schule und ihr Bildungsverständnis ergeben sich daraus weitreichende Konsequenzen.

Der Autor:
Bruno Sandkühler, geb. 1931, studierte Romanistik, Anglistik und Orientalistik. Lehrer für Kunst, Geschichte und Fremdsprachen an der Michael-Bauer-Schule in Stuttgart. Daneben arbeitet er an Fragen der mittelalterlichen Geistes- und Kunstgeschichte, der Ägyptologie und der Länder- und Völkerkunde.

5,10,–

Bruno Sandkühler

Lernen Kinder mit dem Kopf?

Die Bedeutung von Bewegung und praktischem Tun in der Waldorfpädagogik

Verlag Freies Geistesleben

ISBN 3-7725-1507-X
1. Auflage 1999
Verlag Freies Geistesleben
Landhausstraße 82, 70190 Stuttgart
Internet: www.geistesleben.com

Nach den Regeln der neuen Rechtschreibung

Umschlaggestaltung: Walter Schneider
Druck: Offizin Chr. Scheufele, Stuttgart

Inhalt

Einleitung: Wozu und wohin lernen wir eigentlich?

Menschen sind Individuen. Sie haben unterschiedliche Begabungen. Wer das leugnet, vergisst einerseits die herausragenden Talente, die unser Bildungssystem oft genug behindert, und andererseits die weniger Begabten, denen unser Bildungswesen jeglichen Abschluss verweigert.
Bildung beginnt nicht erst mit dem Abitur! Praktische und theoretische Begabungen sind gleichwertig! Das muss sich auch in den Bildungsangeboten, den Abschlüssen und Berufschancen, der gesellschaftlichen Achtung niederschlagen.

Bundespräsident Roman Herzog,
Berliner Rede vom 5. November 1997

Schulabschlüsse sind heute alles andere als Abschlüsse. Sie haben auch ihren Sinn als Grundlage für einen Beruf, z.B. als Prüfung einer Hochschulreife, längst verloren. Obgleich das Schlagwort vom «lebenslangen Lernen» wieder in aller Munde ist, hält sich bei Eltern wie bei Behörden die Fixierung auf diese Abschlüsse hartnäckig. Da sie – in Deutschland – noch immer eine Berechtigung einschließen, müssen sie grundsätzlich rechtlicher Überprüfung standhalten, müssen objektiven Kriterien genügen, formalisierbar sein. Der Mensch ist nun aber kein Objekt, und seine entscheidenden Fähigkeiten sind unter diesen Bedingungen nicht zu erfassen. Dass es mit der objektiven Intelligenz allein nicht getan ist, pfeifen heute die Spatzen von den Dächern. Dennoch tüfteln kluge Köpfe unablässig an Testverfahren, um Kreativität, Urteilsfähigkeit, Problembewusstsein, Geschicklichkeit oder soziale Qualitäten objektiv und rechtlich unanfechtbar in einem Bewertungsschema zu erfassen. Oft wird das Problem umgangen, indem man kurzerhand Lernen mit Wissenserwerb gleichsetzt und Abschluss mit gutem Punkteergebnis – der Kopf wird zum Maß des Menschen. Dass aus dem Einserabiturienten nicht unbedingt der beste Arzt wird, hat sich aber inzwischen herumgesprochen.

Ist Lernen ein Wissenserwerb?

Das Dilemma ist offenkundig, zumal in der Zeit der Elektronengehirne, die jegliche Information in Sekundenschnelle zur Verfügung stellen. Wo gibt es Auswege? Ein Abschaffen der formalisierten Prüfungen ist noch nicht zu erhoffen, also muss am Lernprozess selbst angesetzt werden. Wie können wir die Einseitigkeit der Kopfintelligenz überwinden? Wie können wir ein Denken entwickeln, welches dem heranwachsenden Menschen ermöglicht, mit Wissen bewusst, kreativ und verantwortlich umzugehen? Die Waldorfpädagogik ist der Versuch einer Antwort, bei der Kopf, Herz und Hand gleichermaßen zu ihrem Recht kommen sollen.

Eine entscheidende Voraussetzung für das Gelingen liegt auf der Hand: Neben der Kopfintelligenz müssen alle anderen Fähigkeiten des Kindes angesprochen werden. Mit seinem viel zitierten Wortspiel hat der französische Mathematiker und Philosoph Blaise Pascal schon im 17. Jahrhundert bezeichnet, was in neuerer Zeit als «emotionale Intelligenz» wieder entdeckt wurde: «Le cœur a ses raisons que la raison ne connaît pas» (ein kaum übersetzbares Wortspiel, etwa: «Das Herz hat seine Gründe, die der Verstand nicht begründen kann»). Will die Schule Fähigkeiten dieser Art fördern, so betritt sie damit einen Bereich, der sich einem formalisierten Lehrplan verschließt. In der Waldorfpädagogik versucht daher der Lehrer, gemeinsam mit den Kindern – und womöglich den Eltern – durch seinen individuellen Impuls auf der Grundlage allgemeiner Lehrplanrichtlinien seine Arbeit auszugestalten und alle veranlagten Kräfte vom Kopf bis zum Fuß zu entwickeln.

Neben der Kopfintelligenz andere Fähigkeiten ansprechen

Die Waldorfschule entstand als Arbeiterschule. Im Zusammenbruch aller gewohnten Werte nach dem Ersten Weltkrieg sollte ein grundlegend neuer Ansatz zur Mobilisierung des ganzen Menschen versucht werden. Im Folgenden werden daher zunächst Entstehung und allgemeine Struktur der Waldorfschule vor dem Hintergrund der damaligen Zeitsituation dargestellt. Daran schließt sich die Frage nach dem Verhältnis von Schule und Wissenschaft als Ausgangsproblematik der gegenwärtigen Einseitigkeit an. Wir müssen grundsätzlich fragen: Entspricht die Ausrichtung der gegenwärtigen Pädagogik auf den Intellekt den Gesetzmäßigkeiten kindlichen Lernens? Wie geht Lernen überhaupt vor sich? Und worauf beruht die Antwort der Waldorfpädagogik? Nach einigen prinzipiellen Überlegungen zum Vorgang des Lernens sollen daher konkrete Beispiele aus der Praxis der Waldorfschule vorgestellt werden. Wir wollen zu zeigen versuchen, wie künstlerisch-praktische und intellektuelle Komponenten des Lernens zusammenhängen und einander bedingen. Und wie verhält sich dieser pädagogische Ansatz zu den überall beschworenen Anforderungen der absehbaren Zukunft? Zur Beantwortung dieser Frage gehört schließlich auch ein Rückblick auf acht Jahrzehnte Waldorfschule und ein Ausblick auf innovative Versuche und Entwicklungsmöglichkeiten.

Wie geht Lernen vor sich?

1. Die Waldorfschule – ein neuer Ansatz aus der Bildungsrevolution von 1919

Im Spätherbst 1918 brach das traditionelle Gesellschaftssystem in Deutschland zusammen. Die Abdankung des Kaisers war lediglich ein markantes Symptom. Schon seit Bismarcks Auseinandersetzungen mit dem Sozialismus hatten sich neue Kräfte immer stärker bemerkbar gemacht, die nun revolutionär in Aktion traten und zunächst alles Alte beseitigen wollten. Das gelang zwar nicht, aber die Auseinandersetzung mit dem Kommunismus sollte ein Menschenalter hindurch, bis 1989, das Geschehen unseres Jahrhunderts entscheidend prägen. Es ist ein eigenartiges Symptom dieser Bestrebungen, dass der Kommunismus umfassende menschliche Werte ersehnte, zu seiner Verwirklichung aber den einseitig intellektuellen Weg des dialektischen Materialismus einschlug.

Die Verantwortlichen der neuen Weimarer Republik verstanden die Zeichen der Zeit nicht; auf dem Gebiet von Bildung und Erziehung blieben die alten Strukturen nahezu unverändert erhalten. Schon seit Ende des 19. Jahrhunderts hatten sich dagegen verstärkt private Reformansätze entwickelt. Hermann Lietz, der Begründer der Landschulheime, führte schon damals körperliche Arbeit und praktische Elemente in den Lehrplan ein – das könnte man als einen Versuch verstehen, mit wertender Trennung zwischen Hand- und Kopfarbeit auch die entsprechende gesellschaftliche Klassentrennung zu überwinden, wenn nicht zunächst die Landerziehungsheime sich eher an die gehobenen Schichten gewandt hätten. Auch andere Reformansätze, wie z.B. die von Célestin Freinet oder Maria Montessori, erkannten die Bedeutung der praktischen Tätigkeiten,

Pädagogische Reformansätze

änderten aber kaum etwas an der allgemeinen Struktur der Schule. Die Gliederung in Volks- und höhere Schulen blieb bestehen.

In den politischen und sozialen Geburtswehen der Weimarer Republik stellt somit die Gründung der Waldorfschule einen Versuch dar, das ganze Schulwesen auf eine neue soziale Grundlage zu stellen und den ganzen Menschen anzusprechen. Emil Molt, der Direktor der Waldorf-Astoria Cigarettenfabrik in Stuttgart, strebte zunächst eine allgemeine Erneuerung des württembergischen Bildungswesens an und wollte zu diesem Zweck eine Konferenz aller in diesem Bereich Maßgeblichen einberufen. Als dieses Vorhaben scheiterte, wollte er wenigstens für die Kinder seiner Fabrikarbeiter gleichwertige Bildungschancen schaffen; er hatte sich zur Verwirklichung dieses Vorhabens zunächst an E.A. Karl Stockmeyer gewandt. Dieser, enzyklopädisch gebildet und zu jener Zeit am staatlichen Lehrerseminar in Pforzheim tätig, hatte schon nach der Abdankung des Kaisers im November 1918 Ideen für ein neues Schulwesen auf der Basis von Freiheit und sozialer Erneuerung veröffentlicht; er fühlte sich aber außerstande, die neue Schule allein zu entwickeln. Seit langem war er mit Rudolf Steiner verbunden, der sich nun aufs intensivste des Projekts annahm und dabei auch Herbert Hahn hinzuzog, der bereits in Arbeiterkursen der Waldorf-Astoria unterrichtete. In kürzester Zeit wurden Rahmenstrukturen und Lehrplanrichtlinien ausgearbeitet, die Verhandlungen mit den Behörden abgeschlossen und das von Molt erworbene Restaurant Uhlandshöhe zur Schule umgestaltet. Am 7. September 1919 wurde die Stuttgarter Waldorfschule eröffnet, in der nach Rudolf Steiners Worten «der zukünftige Bankdirektor neben dem zukünftigen Handwerker» gemeinsam lernen sollte.

Die Gründung der Waldorfschule

Damit war einer der wichtigsten Grundsätze dieser Pädagogik ausgesprochen: sie strebte eine allgemeine Menschenbildung an; die alte vertikale Gliederung in Volks- und höhere Schule sollte aufgegeben werden, an ihre Stelle sollte die «Einheitliche Volks- und höhere Schule» treten, deren Aufgabe darin gesehen wurde,

«Schüler unterschiedlicher Begabungsrichtungen in einem einheitlichen Bildungsgang von Klasse 1 bis 12 zu führen».[1]

Das bedeutet, dass sich mit dem Schuleintritt eine Klassengemeinschaft bildet, die im Idealfall während der zwölfjährigen Schulzeit beieinander bleibt. In der Praxis wird sich zwar durch Wohnungswechsel oder andere Gegebenheiten eine gewisse Fluktuation ergeben, kaum aber durch «Sitzenbleiben». Die Klassengemeinschaft wird noch dadurch verstärkt, dass ein Klassenlehrer für die Klasse verantwortlich ist und täglich die ersten beiden Stunden, den so genannten Hauptunterricht, gibt. Dadurch wird der Zerstückelung des Stundenplans wenigstens ansatzweise entgegengewirkt und eine kontinuierliche Arbeit in den grundlegenden Fächern ermöglicht. Der Klassenlehrer gliedert den Stoff thematisch in mehrwöchige Epochen und strebt innerhalb des täglichen Unterrichts ein Gleichgewicht zwischen hörendem Aufnehmen, aktiver Eigentätigkeit und gemeinschaftlichen Austauschprozessen an.

Grundzüge der Waldorfpädagogik

Auf den Hauptunterricht folgen die Fachstunden: von der 1. Klasse an zwei Fremdsprachen, Handarbeit, die von Steiner entwickelte Bewegungskunst Eurythmie, Musik, Turnen und Religion. Weitere Fächer treten im Lauf der folgenden Schuljahre hinzu.

Nach dem achten Schuljahr gibt es einen markanten Einschnitt: Die Klasse wechselt aus der Obhut des Klassenlehrers in die Oberstufe. Dieser Wechsel erhält meist durch die Einstudierung eines Theaterstücks einen besonderen Glanz.

In der Oberstufe besteht weiterhin die Form der Hauptunterrichtsepochen, doch wechseln jetzt in den Hauptfächern im mehrwöchigen Rhythmus Fachlehrer einander ab – in Deutsch, Geschichte, Mathematik, Physik, Chemie, Geographie, Natur- und Menschenkunde sowie in der Kunstbetrachtung als neuem Oberstufenfach.

In der 4. bzw. 5. Klasse treten weitere praktische Fächer hinzu, wie z.B. Holzwerken und Gartenbau, auf die in einem späteren Kapitel näher eingegangen wird. Mit dem Übergang in die Oberstufe werden auch diese Fächer in vier bis sechs Wochenstunden epochenweise gegeben und nehmen einen professionelleren Charakter an, so dass Holzwerken zum Schreinern, Handarbeit zum Schneidern weitergeführt werden kann. Der Musikunterricht soll nach Möglichkeit durch das Erlernen eines Musikinstruments sowie von der Mittelstufe an durch Chor und Orchester ergänzt werden.

Damit haben wir den Bereich des Klassenzimmers verlassen und den Blick auf das Zusammenwirken innerhalb der Schulgemeinschaft gerichtet. Ein charakteristisches Element stellen hier die so genannten Monatsfeiern dar, bei denen einzelne Klassen oder Gruppen vor der ganzen Schule Ergebnisse ihrer Arbeit zeigen – deutsche und fremdsprachige Rezitationen, kleine fremdsprachige Spiele, Musikalisches, Eurythmisches oder auch Übungen aus dem Turn- und Gymnastikunterricht. Die einzelne Klasse, der einzelne Schüler stellt sich dar und nimmt die Arbeit aller anderen wahr. Soweit räumlich und organisatorisch die Möglichkeit besteht, können an diesen Monatsfeiern auch Eltern und Gäste teilnehmen.

Das Gebiet des Theaterspiels im umfassendsten Sinn aktiviert vielfältige menschliche Kräfte. Zeigt sich diese Arbeit in den Monatsfeiern in der Regel in kleineren Darbietungen, so bieten Deutsch- wie Fremdsprachenunterricht oftmals auch Gelegenheit zur Einstudierung größerer Bühnenwerke; das Abschlussspiel der 8. Klasse wurde schon erwähnt, ihm folgt traditionellerweise zum Abschluss der 12. Klasse die Erarbeitung eines anspruchsvollen dramatischen Werkes.

In späteren Kapiteln wird sich Gelegenheit bieten, auf Charakter und Aufbau des Lehrplans, auf Zusammenhang und Inhalte der verschiedenen Fächer wie auch auf die Bedeutung der Theaterarbeit anhand konkreter Beispiele einzugehen. Dabei wird auch die Einrichtung verschiedener Praktika außerhalb der Schule zur Sprache kommen. Zur Frage der an Waldorfschulen möglichen Abschlüsse liegt ein eigenes Buch in dieser Reihe vor.[2]

2. Das Kopfdogma. Was bedeutet Wissenschaft für unsere Kinder?

Das neugeborene Kind lernt essen, es richtet sich auf, lernt gehen, sprechen und denken. Spätestens von diesem Zeitpunkt an begegnet es der Logik als Anforderung und Ziel der Erwachsenenwelt. «Das verstehst du noch nicht, da bist du noch nicht groß genug», wird es nur allzu oft hören, wenn nicht Mutter oder Vater gar auf alle Fragen eine rationale, «wissenschaftliche» Erklärung geben. Die kindliche Weltsicht wird ja meist als etwas Unvollkommenes eingestuft, man versucht, sie zu überwinden. In der Regel stellt sich dabei rasch ein «Erfolg» ein: Das Kind übernimmt Erklärungsmuster, beginnt wie ein Erwachsener zu sprechen, und die Eltern sind wohl auch stolz darauf, obwohl Altklugheit nicht eigentlich als erstrebenswert gilt. Auf Bedenken, dass solche Erläuterungen nicht altersgemäß seien, folgt oft die Entgegnung, man müsse dem Kind doch die Wahrheit sagen. Eine Gleichsetzung von Wahrheit mit logisch, rational Erforschtem und Festgestelltem entspricht der Grundhaltung unserer Zeit – was wir uns allerdings für gewöhnlich nicht bewusst machen.

Persönliche emotionale Erlebnisse oder Zweifel ändern daran wenig, selbst wenn wir merken, dass wir im täglichen Leben gar nicht rational handeln. Das Adjektiv «wissenschaftlich» ist Forderung und Gütesiegel; von vielen Seiten wird gesagt, die Wissenschaft nehme heute die Stellung der «allein selig machenden Kirche» des Mittelalters ein.[3] Dazu konnte es kommen, weil durch die Verbindung von Wissenschaft und Technik immer neue Möglichkeiten geschaffen wurden, die Gesetze der materiellen Welt nicht nur zu erfassen,

Stellung der Wissenschaft heute

sondern auch nutzbar zu machen. Die Wissenschaft hat unmittelbare Auswirkungen auf das menschliche Leben. Zwar liegt der Ansatzpunkt technischer Anwendungen zunächst immer im Materiellen, aber es verändert sich damit unmerklich auch unsere Weltanschauung, es verändern sich Interessen, Denkgewohnheiten und Gefühlswerte. Um sich das zu verdeutlichen, genügt es, in eine Welt ohne Auto, Flugzeug, Telefon und Fernsehen zurückzublicken. Will man spezieller werden, so ist es höchst aufschlussreich, einmal unvoreingenommen darüber nachzudenken, welch eine Fülle von Gefühlen sich unmittelbar mit dem Auto verbindet: von der Imitation des Motorengeräuschs durch das Kleinkind über den dringlichen Führerscheinwunsch der Sechzehnjährigen bis zur sozialen Prestigefrage der gefahrenen Automarke und der Palette der im Straßenverkehr wogenden Emotionen.

Die wissenschaftlich-technische Grundhaltung gewinnt mit dem Schuleintritt für das Kind erheblich an Bedeutung, indem sie zur offiziellen Richtlinie wird. So heißt es im Strukturplan für das Bildungswesen: «Die Wissenschaftsorientiertheit von Lerngegenstand und Lernmethode gilt für den Unterricht auf jeder Altersstufe», nachdem erläutert wurde: «Wissenschaftsorientierung der Bildung bedeutet, dass Bildungsgegenstände, gleich ob sie dem Bereich der Natur, der Technik, der Sprache, der Politik, der Religion, der Kunst oder der Wirtschaft angehören, in ihrer Bedingtheit und Bestimmtheit durch die Wissenschaften erkannt und entsprechend vermittelt werden.»[4]

Die wissenschaftliche Ausrichtung der Schule

Das heißt im Klartext nichts anderes, als dass schon dem sechs- oder siebenjährigen Schulanfänger selbst Religion und Kunst «in ihrer Bedingtheit und Bestimmtheit durch die Wissenschaft» nahe gebracht werden sollen. Von einem Unterschied etwa zwischen religiösem Erleben und Religionswissenschaft oder zwischen wissenschaftlicher Kunstbetrachtung und subjektivem Kunsterleben ist nicht die Rede. Im Bildungsprozess, d.h. im inneren Erleben des Kindes, spielen diese Unterschiede dagegen eine entscheidende Rolle.

Unter den Vorgaben des Bildungsstrukturplanes haben zwei volle Schülergenerationen die Schule durchlaufen; von einer ausgesprochenen Wissenschaftsorientiertheit ist aber weder im Denken noch in den Interessen unserer Jugendlichen etwas zu bemerken. Mehr oder weniger bewusst wird jeder Jugendliche schon im Lauf seiner Schulzeit erleben, ob Politik und Wirtschaft oder der Umgang mit der Natur heute tatsächlich von Wissenschaft bedingt und bestimmt sind. In unserer angeblich wissenschaftlichen Welt müssen wir uns fragen, ob viele Probleme – nicht nur der Jugendlichen – nicht mit der zunehmenden Verarmung des Empfindungsbereichs, mit der Erschwerung der Begeisterungsfähigkeit durch die von klein auf eingeübte Rationalität und Objektivität zusammenhängen. Rational betrachten bedeutet Auseinandersetzung, Sich-nicht-verbinden; Objektivität heißt aus einer gewissen Distanz anschauen. Dem verwissenschaftlichten Kind wird damit eine liebevolle Verbindung mit der Welt verwehrt.

Eine liebevolle Verbindung mit der Welt wird dem Kind verwehrt

Tatsächlich leben wir Erwachsene somit heute in einem schizophrenen Zustand:

- Die Wissenschaftlichkeit ist dogmatische Grundlage unserer Weltanschauung, unser alltägliches Handeln aber richtet sich weitgehend nach ganz anderen Kriterien. Sogar der wissenschaftlich Forschende sagt nicht selten, er brauche für seine Arbeit «eine Vision». Die Grundlagen seiner beruflichen Arbeit können sich zudem erheblich von seinen privaten Überzeugungen unterscheiden.
- Wissenschaft geht von der Erforschung der materiellen Welt aus, ist logisch orientiert und wendet die daraus entwickelten Methoden bedenkenlos auch auf nichtmaterielle Bereiche an. Dabei versucht sie nach Möglichkeit zu unterstellen, dass auch diese Bereiche eigentlich materiell bedingt sind. Das aktuellste Beispiel dafür ist zur Zeit wohl die Diskussion um die Natur des menschlichen Bewusstseins. Der Mensch wird dabei als Gerät aufgefasst, und wir begegnen dann Fragen wie der folgenden: «Wie kann

ein hoch komplexes biologisches System, das aus rein objektiven biologischen Elementen besteht, den Zustand des Schmerzes produzieren, der eindeutig nur subjektiv erlebt werden kann?»[5]

All dies könnte ein Poblemkomplex sein, mit dem sich die Erwachsenen eben auf ihre Art auseinander setzen müssen. Wir laden aber die Bürde unseren Kindern auf, die in keiner Weise dafür gewappnet sind. Die oben zitierte Forderung des Wissenschaftsrates hat zwar, wie gesagt, nicht die erhoffte Wirkung erreicht, drängt sich aber dennoch über Vorschule, Früheinschulung, Kinderelektronik unerbittlich ins Kindergartenalter ein. Im Sinne einer materialistischen Wissenschaft ist das folgerichtig: Wird der Mensch als biologisch-technisches Gerät aufgefasst, so kann es auch keinen wesentlichen Unterschied zwischen Kind und Erwachsenem geben.

Gegen diese Behandlung kann sich das Kind nicht zur Wehr setzen. In vielerlei Hinsicht hat auch die wissenschaftliche Psychologie erkannt, dass gravierende Lebensschwierigkeiten ihre Ursache in frühkindlichen Weichenstellungen haben; eine grundsätzliche Erkenntnis der Andersartigkeit und Bedeutung der Kindheit hat sich aber noch nicht durchgesetzt.

Das Recht auf Kindheit

Zum Abschluss dieser Überlegungen soll einem Missverständnis vorgebeugt werden: Es geht hier nicht um eine Ablehnung der Wissenschaft – nicht einmal um eine Ablehnung der materialistischen Naturwissenschaft. Es soll auch kein Urteil über die neuerlich diskutierte Frage gefällt werden, ob es überhaupt objektive Wissenschaft geben könne. Vielmehr soll mit aller Dringlichkeit das Recht auf Kindheit eingefordert werden, so dass zum rechten Zeitpunkt in der Biographie des Kindes die Wissenschaft ihren angemessenen Platz erhalten kann. Wie dies im Unterricht der Waldorfschule angestrebt wird, soll in den nächsten Kapiteln gezeigt werden.

3. Wie finden Lernprozesse statt?

Der Mensch, ein Entwicklungswesen

Wird ein Mensch geboren, so fehlen ihm zunächst die wichtigsten äußeren Voraussetzungen für sein Menschsein: volle Bewegungsfähigkeit, Sprache, freies Denken und freie Entscheidung. Für Jahre ist er auf Schutz, Pflege und Fürsorge durch andere Menschen angewiesen. In dieser Zeit lernt er jedoch mit verblüffender Geschwindigkeit. Das modern gewordene Schlagwort «lifelong learning» hebt uns ins Bewusstsein, dass dieser Lernprozess keinen Abschluss kennt. Der Mensch lernt nie aus. Im Gegensatz dazu sind ein Kälbchen, ein Vogel oder ein Seehund spätestens einige Wochen nach der Geburt voll ausgebildet, selbst wenn sie dann ihren Erfahrungsschatz noch etwas bereichern können.

Der Mensch ist grundsätzlich als Entwicklungswesen angelegt. Damit steht die Kardinalfrage vor uns, die heute nur noch selten gestellt wird, ohne deren Beantwortung aber Bildung eine Fahrt ins Blaue bleibt oder, schlimmer noch, ein Wettrennen mit «Sachzwängen»: Wozu, wohin soll sich der Mensch eigentlich entwickeln?

Entwicklung wohin?

In der Vergangenheit hatten alle Kulturen, alle Zeiten jeweils ihr recht sicheres Bildungsideal als Entwicklungsziel, zumeist auf religiösem Fundament. Seit Beginn der Neuzeit ist an die Stelle der Sicherheit immer mehr ein Bewusstsein dafür getreten, dass ein solches Entwicklungsziel nicht mehr allgemein gültig sein kann. Es bedarf der persönlichen Ausrichtung. In klarster Weise findet sich diese Erkenntnis bereits an der Schwelle zur Neuzeit von Giovanni Pico della Mirandola in seinem berühmten Rede-Entwurf «Von der Würde des Menschen» formuliert: «In den Menschen aber hat Gottvater gleich bei seiner Geburt die Samen aller Möglichkeiten und die Lebenskeime jeder Art hineingelegt. Welche er selbst davon pflegen wird, die werden heranwachsen und werden in ihm ihre Früchte bringen.»[6]

Giovanni Pico hat im Verlauf dieser Rede Gott als Künstler bezeichnet – nicht als Wissenschaftler –, und sich selbst sieht er als Philosophen, obwohl man seine Argumentation durchaus als wissenschaftlich bezeichnen könnte. Aber er denkt noch ganzheitlich. Die Trennung von Kunst, Philosophie und Wissenschaft tritt in dem Maße ein, in dem das «Gottvertrauen» schwindet. Auch Leonardo da Vinci kennt diese Trennung noch nicht, er strebt bei seinen physikalischen oder anatomischen Studien «Objektivität» gar nicht an und ist bei aller Exaktheit gleichzeitig in hohem Maß emotional und religiös engagiert. Erst die Aufklärung bahnt dieser Objektivität den Weg, und die Französische Revolution versucht, an die Stelle Gottes die Vernunft zu setzen – ein Versuch, der bis heute fortwirkt.

Damit sind wir bei einer materialistischen Welt-Anschauung angelangt, die sich inzwischen als unzulänglich erweist. Bei pädagogischen Reformüberlegungen ist nun immer häufiger die Sinnfrage zu hören: Kann ständiges Wirtschaftswachstum und materieller Wohlstand der Sinn des Ganzen sein? Liegt die vorrangige Aufgabe der Bildung in der Sicherung beruflicher Karrieren?

Das Bildungsziel ist neu zu finden. Für die Waldorfpädagogik steht dabei am Anfang die Frage: Soll sich der Mensch den technischen und sozialen Gegebenheiten anpassen, oder muss er versuchen, diese Gegebenheiten selbst aktiv zu gestalten? Man fasst diese beiden Möglichkeiten heute für gewöhnlich unter die Begriffe der «extrinsischen» bzw. «intrinsischen» Motivation, d.h. des außengelenkten bzw. innengelenkten Menschen. Die Waldorfpädagogik will den Menschen zur selbständigen Lebensgestaltung und zur Mitwirkung an zivilisatorischen Prozessen befähigen. Als Grundlage dient ihr eine «Allgemeine Menschenkunde», wie sie Rudolf Steiner für die Lehrer der ersten Waldorfschule in

Das Bildungsziel ist neu zu finden

Stuttgart umrissen hat. Es lässt sich dieser Weg zusammenfassen als eine Arbeit am Fühlen, Denken und Wollen der Heranwachsenden unter Berücksichtigung der aufeinander folgenden Entwicklungsphasen und mit dem Ziel einer freien Urteilsbildung und bewussten Lebensgestaltung.

Für den Lehrer kommt dabei der Kenntnis und Erforschung qualitativ verschiedener menschlicher Wesensglieder eine zentrale Bedeutung zu. Wenn wir tiefer verstehen wollen, wie menschliches Lernen, wie überhaupt Entwicklung zustande kommt, kann uns die Einsicht in die Zusammenhänge und die Wirkensweisen dieser Glieder eine wesentliche Hilfe sein. Sie sollen deshalb hier in aller Kürze umrissen werden:

Verschiedene menschliche Wesensglieder

Was wir zunächst vom Menschen wahrnehmen, ist sein *Körper.* Ob der Mensch schläft oder wacht, gesund oder krank oder gar verstorben ist, der Körper ist gleichermaßen sichtbar. In seiner rein materiellen Gestalt unterscheidet er sich nicht grundsätzlich von einer Marmorstatue.

Im Tod wird jedoch deutlich, dass sich von diesem materiellen, physischen Körper dasjenige getrennt hat, was ihn in seiner Form erhalten konnte, was sämtliche Zellen und Organe in einem ständigen Umwandlungs- und Erneuerungsprozess bewegte, ohne dass der Gesamtplan verloren ging. Wir nennen es Leben, ohne viel darüber nachzudenken. Die anthroposophische Menschenkunde sieht darin ein vom physischen Leib qualitativ eindeutig verschiedenes Kräftegefüge, das sie als *Lebens-* oder *Ätherleib* bezeichnet. Er ist als der Träger der Wachstums- und Stoffwechselprozesse in den ersten Lebensjahren vorherrschend und prägt in dieser Zeit mit Gewohnheiten und anderen Grundkonfigurationen die Gehirn- und sonstige Körperorganisation aus. Im weiteren Leben sehen wir den Lebensleib unter anderem auch als Grundlage des Gedächtnisses.

Im Schlafzustand sind physischer Leib und Lebensleib verbunden, es fehlen ihnen aber bewusste Sinneswahrnehmung und

Ich-Bewusstsein mit allen damit zusammenhängenden Seelenregungen.

Das Seelenleben, durch das sich Mensch und Tier von der Pflanze unterscheiden, hat seine leibliche Basis in der Nervenorganisation, ist aber nicht etwa ein Produkt derselben. Freude und Trauer, Liebe und Hass, Schmerz und Lust gehören dem inneren, persönlichen Bereich des Menschen an, der in der anthroposophischen Menschenkunde als *Empfindungs-* oder *Astralleib* begriffen wird.

Im Unterschied zum Tier kann der Mensch diesen Seelenbereich an sich selbst beobachten und beurteilen. Dazu bedarf es des Ich-Bewusstseins. Das *Ich* bildet somit als Wesenskern die Voraussetzung unserer Identität. Mit ihm hat eine streng materialistische Erklärung die größten Probleme. Sie ist eher bereit, die Basis der Logik zu verlassen, als eine immaterielle Ursache für materielle Prozesse zuzugeben.[7]

Lernschritte des kleinen Kindes

Die Waldorfpädagogik sieht den Körper des Neugeborenen als ein Instrument, mit dem der individuelle geistige Wesenskern zwar von Geburt an zu einer Einheit verbunden ist, das er aber erst im Lauf des Lebens immer mehr zu benutzen und zu beherrschen lernt. Einen dieser Lernschritte beobachten wir am kleinen Kind, das wochenlang all seine Kräfte darauf richtet, den Leib in die Senkrechte zu bringen, auf eigenen Beinen zu stehen. Wir sehen den Stolz und die Freude, wenn das endlich gelungen ist und dann schließlich im Glücksgefühl der ersten selbständigen freien Schritte gipfelt. Stellen wir uns bei dieser Beobachtung auf den entgegengesetzten Standpunkt: Dann wäre der Aufrichtetrieb das Ergebnis genetisch vorgegebener biochemischer Vorgänge, bei denen zudem gewisse Endorphinstoffe produziert werden und Reaktionen hervorrufen, welche wir für Stolz und Freude halten.

Sind wir als Eltern oder Lehrer mit dieser letzteren Erklärung zufrieden, so muss sich konsequenterweise unsere Einstellung zu Individualität und Menschenwürde radikal verändern. An die Stelle des Pädagogen müsste dann der Biochemiker oder Pharmazeut treten, Bewusstseinsbeeinflussung durch Drogen könnte zum Normalfall werden. Rechnen wir dagegen mit der geistigen Individualität als Trägerin der Menschenwürde, so besteht die vorrangige Aufgabe der Erwachsenen darin, dem Ich den Weg zu bereiten, dem heranwachsenden Kind zur harmonischen Ausbildung aller körperlichen und seelischen Fähigkeiten zu verhelfen.[8]

Dem Ich den Weg bereiten

Über das Tun zum Verstehen – ein Bewegungsprozess

Am Anfang des abendländischen Denkens steht das viel zitierte Wort des griechischen Philosophen Heraklit von Samos: «Panta rhei» – «Alles ist im Fließen.» Auch das Lernen ist eine ständige Bewegung; nicht nur im übertragenen Sinn von Denkbewegungen, auch nicht einmal nur im Hinblick auf die chemischen und elektrischen Bewegungsvorgänge in den Nervenbahnen und im Gehirn, sondern auch ganz wörtlich im Sinn von räumlicher, körperlicher Bewegung. In buddhistischen, jüdischen, arabischen und vielen anderen orientalischen Kulturen ist es selbstverständlich, dass das Auswendiglernen von Texten mit einem rhythmischen Bewegen des Körpers einhergeht. Was dann als Gelerntes, als Resultat bleibt, kann man als ein Erstarrungsprodukt ansehen, das erst wieder zum Leben erweckt, in Bewegung gesetzt werden muss, um in irgendeiner Weise nützlich zu werden. Berühmt ist auch die Methode der peripatetischen Philosophenschule im Alten Griechenland, wo während des Gehens Gedanken gebildet wurden.

Lernen durch Bewegung

1926 hat der Psychologe Alfred Adler solche Erkenntnisse in der These zusammengefasst, «dass die Entwicklung des Seelenlebens an die Bewegung gebunden ist, und dass der Fortschritt alles dessen, was die Seele erfüllt, durch diese freie Beweglichkeit des Organismus bedingt ist».[9]

Die pädagogische Forschung hat diesen Ansatz erstaunlich spät aufgegriffen. Der Blick war eher umgekehrt gerichtet.[10] Es gibt zwar eine große Zahl von Untersuchungen über das Lernen *von* Bewegung, aber nur Spärliches über das Lernen *durch* Bewegung. Für Hören und Sprechen werden verschiedenartige Zusammenhänge zwischen Lernen und Bewegung z.B. in den Untersuchungen von Alfred Tomatis, Christoph Jaffke und Peter Lutzker aufgezeigt.[11]

Es ist durch solche Untersuchungen immer deutlicher geworden, dass Bewegung und kognitives Lernen eng zusammenhängen. In der Waldorfpädagogik stellt diese Beziehung eines der wichtigsten Instrumente dar. Dabei muss unterschieden werden zwischen dem offensichtlichen direkten Zusammenhang – etwa zwischen Gartenarbeit und Pflanzenkunde – und einem indirekten, wie ihn etwa Rudolf Steiner sieht, wenn er sagt: «Ich stehe nicht an zu behaupten, dass derjenige, der nie mit der Hand gearbeitet hat, keine Wahrheit in der richtigen Weise sehen kann, dass er niemals im Geistesleben richtig drinnen steht.»[12] Der Blick auf Lebensläufe kann eine solche Aussage plausibler machen; es liegt jedoch in der Natur der Sache, dass dieser indirekte Zusammenhang mit den üblichen wissenschaftlichen Methoden kaum nachzuweisen ist. Allerdings bezweifelt heute wohl niemand mehr, dass die Erfahrungen und Betätigungen des Kindesalters den Erwachsenen auch in verborgenen Schichten prägen.[13]

Bei der Frage nach dem Zusammenhang von Tun und Verstehen kommt dem Willensbereich eine Schlüsselfunktion zu. Mit dem Willen haben wir die Kraft vor uns, die aufs engste mit Bewegung und Tätigkeit verknüpft ist. Beim Säugling äußert sich der Wille noch ausschließlich unbewusst – zum Leidwesen der Eltern allerdings nicht weniger lautstark. Mit Zureden und Appellen an das Verständnis ist da nichts zu machen. Im Lauf der Jahre wird der Wille bis zu einem gewissen Grad von Bewusstsein durchdrun-

Die Bedeutung des Willens

gen, ein großer Teil unserer Willensvorgänge bleibt aber zeitlebens im Unterbewusstsein.

Für die Erziehung hat dieser Prozess entscheidende Bedeutung. Je mehr es gelingt, den Willen zu aktivieren, ihn mit Bewusstsein einzusetzen, umso freier und effektiver wird das Kind, der Jugendliche und später der Erwachsene sein Leben in die Hand nehmen können. Unter dem Stichwort Motivation gehört dieses Thema heute zu den vordringlichsten pädagogischen Aufgaben.

In der Menschenkunde Steiners liegt hier ein weiterer Ansatz für die Gewichtung des praktischen Tuns in der Schule. Steiner sieht das intellektuelle Verständnis als Endprodukt an, den Willen als Voraussetzung, das Gefühl als Ausgangspunkt, als «werdenden, noch nicht gewordenen Willen».[14] Für unsere Alltagserfahrung ist das selbstverständlich: Wir können nichts verstehen, was wir nicht verstehen wollen, und was das Gefühl betrifft, so haben wir die Tendenz, Dinge vorrangig zu erledigen, die wir gerne tun. Es ist somit kein romantischer Luxus, wenn im Klassenzimmer eine Atmosphäre geschaffen wird, in der sich die Kinder wohl fühlen – sowohl von der allgemeinen Gestaltung her als auch durch die Stimmung, das menschlich-soziale Klima.

Wille, Gefühl und intellektuelles Verständnis

Auf dieser Grundlage werden Rhythmus und Wiederholung als Mittel zur Willensbildung eingesetzt. Die Kinder sollen zunächst Dinge regelmäßig tun, an denen sie Freude haben – das betrifft sowohl den rhythmischen Teil des Hauptunterrichts (s. unten, S. 42) als auch gewisse Tätigkeiten oder Ämter in der Klasse. Anhand von Unterrichtsbeispielen werden wir im nächsten Kapitel darauf zurückkommen.

Rhythmus und Wiederholung bilden den Willen

Der richtige Zeitpunkt

Aus einem Verständnis des Zusammenwirkens der genannten Wesensglieder verwendet die Waldorfpädagogik Hinweise Rudolf Steiners, nach denen dem Kind zu gewissen Zeitpunkten seiner Entwicklung spezifische Kräfte zur Verfügung stehen, die sich im weiteren Entwicklungsverlauf in einer bestimmten Weise umwandeln.[15] Den Zeitpunkt könnte man sich vorstellen als eine Art Tor, das in einer bestimmten Entwicklungsphase geöffnet wird. Geht man dann hindurch, so erhält man Zugang zu weiterführenden Bereichen; lässt man den Augenblick verstreichen, so ist dieses Tor versperrt, der Zugang ist dann nur noch über umständliche Umwege oder überhaupt nicht mehr zu erreichen. Gleichzeitig handelt es sich dabei offenbar auch um hoch sensible Übergänge, bei denen ein unzeitiges oder falsches Einwirken schwerwiegende Folgen haben kann. Diese Tatsache ist inzwischen für die physiologische Entwicklung des menschlichen Organismus genauer erforscht – leider impulsiert durch die katastrophalen Auswirkungen des Medikaments Contergan. Dort hat es sich gezeigt, dass die Öffnung solcher «Tore» in der Embryonalentwicklung nach Tagen bemessen ist; wurde das zunächst als völlig unbedenklich angesehene Schmerzmittel an bestimmten Tagen der Schwangerschaft eingenommen, so konnten schwerste Missbildungen, wie z.B. armlose, unmittelbar an den Schultern angewachsene Hände, die Folge sein.

«Tore» der menschlichen Entwicklung

Mit fortschreitendem Alter erweitern sich die Tore. Sich-Aufrichten, Gehen- und Sprechenlernen, Trotzphase, Zahnwechsel und Pubertät sind sichtbare Anzeichen für Veränderungen im Gesamtgefüge. Wie schon angedeutet, hat sie Rudolf Steiner so beschrieben, dass bestimmte Kräfte eine Entwicklungsaufgabe abgeschlossen haben und nun in verwandelter Form für Neues zur Verfügung stehen.

Ein Beispiel für einen derartigen Umwandlungsprozess ist in den Ergebnissen der Schlafforschung zu finden: Die Hirnströme des

Kindes weisen auch bei Tage einen hohen Anteil von so genannten Thetawellen auf, welche offenbar Anzeichen eines offenen, kreativen Zustandes sind. Beim Erwachsenen zeigen sich diese dagegen nur beim Einschlafen und Aufwachen im Bereich zwischen Traum und Wachbewusstsein; der Wendepunkt liegt in der Pubertät, wo das Gehirn eine tief greifende Neustrukturierung erfährt. Der Befund der Hirnströme spiegelt hier also den Übergang in das «objektivere» Bewusstsein des Erwachsenenalters wider.

Ein zweites Beispiel betrifft das Sehenlernen. Wird das Sehvermögen von Blinden in späteren Lebensjahren durch eine Operation funktionsfähig gemacht, so ist damit noch nicht gesagt, dass sie wirklich sehen können. «Während einer sensiblen Phase in den ersten Lebensjahren bilden sich die visuellen ... Fähigkeiten ... heraus. Bleibt diese Gelegenheit ungenutzt, so fällt es später außerordentlich schwer, die entsprechenden Lernprozesse nachzuholen, und meist bleiben solche Versuche erfolglos.»[16]

Zitieren wir ein drittes Beispiel aus der Fernsehwirkungsforschung: Die Autoren einer amerikanischen Langzeitstudie «vermuten, dass es eine sensitive Phase während der kindlichen Entwicklung gibt, in der der Einfluss des Fernsehens am größten ist, und siedeln diese Phase zwischen dem 8. und 12. Lebensjahr an. Innerhalb dieser Altersspanne konnten die engsten Beziehungen zwischen dem Ausmaß konsumierter Fernsehgewalt und späterem Aggressionsverhalten festgestellt werden.»[17]

Der Bildungsplan der Waldorfschule baut auf solchen Erkenntnissen auf; er ist daher kein Stoffverteilungsplan, sondern setzt den Stoff zum geeigneten Zeitpunkt als Mittel zur möglichst intensiven Aktivierung und Aneignung der latent vorhandenen Fähigkeiten ein. Dadurch ist dem Lehrer in Auswahl und Einbringen von Unterrichtsstoff ein weiter Spielraum gegeben. So etwa, wenn mit der Schulreife eine Strukturierung eintritt, die zeichnerisch-bildnerische Kräfte freisetzt. Sie werden unter anderem sichtbar in der Fähigkeit des Kindes, eine liegende

Der Bildungsplan der Waldorfschule – kein Stoffverteilungsplan

Acht (∞) zu zeichnen, die auch als Schulreifetest genutzt wird. Würde der Lehrer dann nur die Buchstaben einführen, bei denen die Form bloß im Dienst der Bedeutung auftritt, so wären die neuen Kräfte nicht genügend gefordert. Es wird daher in dieser Zeit besonderer Nachdruck auf das Formenzeichnen gelegt: Zunächst einfache, dann symmetrische, fließende Formen werden freihand geübt, Mäander, Flechtbandmuster mit zunehmendem Schwierigkeitsgrad. Sie erfordern hohe Konzentration, schulen die Koordination der Hirnhälften und schaffen dadurch Grundlagen für kognitive Lernprozesse.

Ein anderes Beispiel für solche entwicklungsspezifische Zuordnung von Lernstoff finden wir in der Menschenkunde der 9. Klasse: In einer Phase der Neuorientierung im eigenen Körper wird der Blick des Jugendlichen noch nicht auf komplizierte Organfunktionen oder physiologische Prozesse gerichtet, sondern zunächst auf das objektive, mechanisch überschaubare System des Skeletts.

Zu welchem Zeitpunkt wird der Lernstoff eingesetzt?

Das Zusammenwirken von praktischem Tun, emotionalem Engagement und gedanklicher Urteilsbildung bildet dabei einen Grundpfeiler, das Beachten des richtigen Zeitpunktes stellt einen zweiten dar. Zusammenhänge wie Zahnwechsel und Schulreife, das sich verändernde Weltbild und der Übergang zum zehnten Lebensjahr, die Bewusstseinsänderungen der Pubertät und des Volljährigwerdens haben früher einmal das Schulwesen strukturiert und sind in Resten noch erhalten – z.B. in Beginn und Ende der Schulpflicht oder im Übergang von der Grundschule zu weiterführenden Schulen. Für die Waldorfpädagogik und ihr Ziel einer umfassenden Menschenbildung bildet die Wahrnehmung und Nutzung solcher Zusammenhänge eine wesentliche Grundlage.

Theoretisch geht auch das staatliche Schulwesen von einem solchen umfassenden Auftrag aus. Die Grundlage wird dementsprechend auch dort nicht mehr Stoffplan genannt, sondern Bildungsplan, ihrer einleitenden Absichtserklärung kann man voll zustimmen: «Über die Vermittlung von Wissen, Fähigkeiten und Fertigkeiten hinaus ist die Schule insbesondere gehalten, die Schüler in Verantwortung vor Gott, im Geiste christlicher Nächstenliebe, zur Menschlichkeit und Friedensliebe, in Liebe zu Volk und Heimat, zur Achtung der Würde und Überzeugung anderer, zu Leistungswillen und Eigenverantwortung sowie zu sozialer Bewährung zu erziehen und in der Entfaltung ihrer Persönlichkeit und Begabung zu fördern ...» Nach zwei Absätzen über das Verhältnis zu Staat und Gesetz heißt es dann noch: «... auf die Mannigfaltigkeit der Lebensaufgaben und auf die Anforderungen der Berufs- und Arbeitswelt mit ihren unterschiedlichen Aufgaben und Entwicklungen vorzubereiten.»[18]

In der Schulrealität fehlt aber ein tragfähiges Menschenbild, und das staatliche Schulwesen zeigt sich durch den zitierten Katalog überfordert. Der Lehrplan verteilt den Stoff weitgehend ohne entwicklungsspezifische Gesichtspunkte, und wo nicht engagierte Lehrer ein Übriges tun, herrscht die durchgängige Praxis, formalisiertes Wissen zu vermitteln, Kinder wie Jugendliche nach einem Notenschema zu klassifizieren und damit ihre Lebenschancen zu regulieren. Daran konnte auch eine gewisse Öffnung der Lehrplanvorgaben in den letzten Jahren noch nichts ändern. Insbesondere für Eltern und Schüler spielen dabei die Wirtschaftsbegriffe des Nutzens und der Karriere oftmals eine ebenso wesentliche Rolle wie die soziale Rangfolge von untergeordneten praktischen und «höheren» intellektuellen Tätigkeiten. Aus solcher Sicht ist dann die Zeit des kindlichen Spielens «nutzlos», sie muss verkürzt werden, damit das Kind baldmöglichst «etwas Rechtes» lernt.

Ein tragfähiges Menschenbild ist erforderlich

In einigen Ländern ist inzwischen offen oder versteckt die Früheinschulung üblich – ohne dass dabei die Lese-, Schreib- und Rechenfähigkeit der Schulabgänger signifikant zugenommen hätte. So wurden in England in den letzten Jahren durch Einsatz finanzieller Lenkungsinstrumente viele Kindergarten- und Spielgruppen zum Verschwinden gebracht und vierjährige Kinder mit einem «Early Years Development Plan» in Grundschul-«Empfangs»-Klassen geschleust. Während für die Spielgruppen ein erwachsener Betreuer auf acht Kinder vorgeschrieben war, gibt es für diese «Reception-classes» keine solche Vorschrift; dort werden 35 und mehr Kinder von einem Lehrer unterrichtet, dem ein Helfer zur Seite steht. In Dänemark dagegen ist es verboten, bereits im Kindergarten Lesen und Schreiben zu unterrichten, und der Schuleintritt muss nicht vor dem siebten Lebensjahr erfolgen. Auch dort ist von staatlicher Seite eine frühere Einschulung in die Debatte gebracht, jedoch nach starkem öffentlichen Widerstand wieder zurückgestellt worden. Neuere Untersuchungen sprechen gegen eine frühe Einschulung,[19] doch eine wissenschaftliche Eindeutigkeit ist nicht in Sicht, der Druck auf die Kindheit hält an.

Erfahrungen mit Früheinschulung

Bei alledem handelt es sich nicht um die Frage, ob ein Kind mit vier Jahren abstrahierende Kulturtechniken wie Lesen, Schreiben und Rechnen lernen *kann*, sondern ob es dies *darf*, ob man damit nicht Kräfte in Anspruch nimmt, die zunächst für die physische und seelische Entwicklung benötigt werden. Es gibt in dieser Hinsicht eine aufschlussreiche Beobachtung: Bei Tests an Zehnjährigen schneiden die früher Eingeschulten nicht besser ab als ihre später eingeschulten Altersgenossen, die also offenbar rascher gelernt haben.[20]

Keine verfrühten Abstraktionen

So wird in der Waldorfschule nicht nur von einer Schulreife im sechsten oder siebten Lebensjahr ausgegangen, sondern man wird auch nach dem Schuleintritt versuchen, das Kind nicht mit verfrühten Abstraktionen zu überfordern, sondern die genannten Kulturtechniken gemächlich und zudem möglichst bildhaft einzuführen.

Grundsätzlich anders ist die Lage im kreativen Bereich, in Kunst und Sprache, die dem Kind und seinem Spiel wesensverwandt sind. Hier wird Waldorfpädagogik schon im Vorschulalter ansetzen und eine natürliche Brücke zur Schule schaffen, wo von der 1. Klasse an die künstlerischen Fähigkeiten intensiv gepflegt werden, ebenso wie der Unterricht in zwei Fremdsprachen stattfindet – zunächst natürlich aus dem Hören, Sprechen und Singen, ohne Schrift und grammatische Erklärungen.

Was hier skizzenhaft für den Zeitpunkt der Schulreife angedeutet wurde, wird der Waldorflehrer in Elternabenden auch für spätere Entwicklungsphasen ausführlicher darstellen und im Hinblick auf die aktuelle Klasse konkretisieren.

Die pädagogische Frage nach dem richtigen Zeitpunkt betrifft noch einen weiteren Bereich, der oben bereits im Zusammenhang mit der Bewegung kurz berührt wurde. Steiner hat in seinen pädagogischen Vorträgen und in den Konferenzen mit den Lehrern der ersten Waldorfschule immer wieder auf Stellen hingewiesen, an denen Voraussetzungen für spätere Fähigkeiten oder Lebenseinstellungen geschaffen oder verhindert werden können. Diese Hinweise berühren auch Phänomene wie Gewalttätigkeit, Sucht und Erotisierung, mit denen sich die Gesellschaft in zunehmendem Maße auseinander zu setzen hat. So heißt es etwa in dem bereits erwähnten Lehrervortrag: «Es ist notwendig, wenn das Kind in das geschlechtsreife Lebensalter kommt, dass in ihm erweckt wird ein ... außerordentlich großes Interesse für die Außenwelt. Es muss durch die Art des Unterrichtens und der Erziehung die Außenwelt mit ihrer Gesetzmäßigkeit sehen, mit ihrem Verlaufe, mit ihren Ursachen und Wirkungen, mit ihren Absichten und Zielen ... Es muss das alles so an die Jugend herangebracht werden, dass es in der jugendlichen Seele fortwährend noch nachklingt, dass in der jugendlichen Seele Rätsel entstehen über die Natur, über Kosmos und Welt, über die menschliche Natur im allgemeinen, über geschichtliche Fragen und so weiter. Denn wenn diese Rätsel ... nicht ... entstehen, dann wandeln sich, weil die Kräfte dazu da sind, diese Kräfte; ... sie verwandeln sich nach zwei Richtungen hin in Instinktartiges: erstens in Machtkitzel und zweitens in Erotik.»[21]

Voraussetzungen für spätere Fähigkeiten schaffen

Entsprechende Zusammenhänge lassen sich zwar nicht im üblichen Sinn beweisen, haben aber für die Waldorfpädagogik ein wichtiges Beobachtungsfeld eröffnet. Gleichartige Feststellungen wurden inzwischen auch von anderen Beobachtern gemacht, wie etwa in dem viel diskutierten Buch des Amerikaners Peter M. Senge über die *Fünfte Disziplin*. Senge überschreibt das entsprechende Kapitel mit der These: «Ursache und Wirkung liegen räumlich und zeitlich nicht nahe beieinander.»[22]

Verschiedene Arten von Intelligenz

Indem Rudolf Steiner 1919 mit der Waldorfpädagogik auf eine angemessene Ausbildung der drei Fähigkeiten von Denken, Fühlen und Wollen zielte, bekamen nicht nur die menschlichen Wesensglieder, sondern auch die Intelligenz einen anderen Stellenwert oder vielmehr eine genauere Differenzierung. Schon in dem grundlegenden Frühwerk *Die Philosophie der Freiheit*[23] geht es Steiner in erster Linie um eine genauere Untersuchung und um die qualitative Veränderung und Belebung des Denkens. Für die Arbeit der Waldorfschule wurde die Frage nach der Ausbildung des Denkens und nach den Formen und Abgrenzungen der Intelligenz ein wichtiges Anliegen.

Die menschliche Intelligenz differenzieren

Inzwischen ist es vor allem aufgrund amerikanischer Forschungen in der Psychologie üblich geworden, verschiedene Arten von Intelligenz zu unterscheiden. In der Wirtschaft ist man seit längerem bemüht, Bewerbungstests zu entwickeln, die nicht nur das erfassen, was man bisher unter Intelligenz verstand. In ähnliche Richtung geht ein Vorschlag des Collège de France für das Bildungswesen der Zukunft: «Das Bildungswesen muss alles daran setzen, die monistische Vorstellung von ‹Intelligenz› zu bekämpfen, die dazu führt, die unterschiedlichen Formen von Leistung zu hierarchisieren und einer bestimmten Form unterzuordnen; und es muss stattdessen für eine größere Vielfalt sozial anerkannter Formen kultureller Leistung sorgen.»[24]

Hier ist zunächst eine Differenzierung und Berücksichtigung verschiedener Arten von menschlicher Intelligenz gefordert. Es sollte klar sein, dass ein grundsätzlicher Unterschied besteht zwischen all diesen Formen und dem, was unter der Bezeichnung «künstliche Intelligenz» oder «KI» zunehmend ins Blickfeld kommt. Wenn man in der Elektronik von intelligenten Schaltungen spricht, so ist damit ein wichtiger Sachverhalt verbunden: Solche Schaltungen können Entscheidungen treffen, aber nicht wie der Mensch etwas beurteilen. Entscheidungen ergeben sich zwingend aus der Berücksichtigung aller einprogrammierten Datenkategorien, das Urteil aber ist frei, es kann sich unter Umständen über alle Vernunftgründe und Sachargumente hinwegsetzen. Zwar gibt es Versuche und Hoffnungen, die hier bestehende Kluft zwischen Mensch und Maschine zu überbrücken, doch sie können nur insoweit erfolgreich sein, als der Mensch einige seiner Fähigkeiten auf die Maschine zu übertragen vermag. Welche Probleme dabei vor allem für die Kinder auftauchen, lässt sich an der Wirkung von Tamagotchis und ähnlichen elektronischen «Lebewesen» ahnen.[25]

Die Unterscheidung verschiedener Formen von Intelligenz beginnt nun in die allgemeine Pädagogik einzufließen, vor allem seit der Erziehungswissenschaftler Howard Gardner umfassende Untersuchungen darüber vorgelegt hat.[26] Gardner kommt zu sieben verschiedenen Intelligenzgruppen, innerhalb derer er dann weiter differenziert: die logisch-mathematischen, inter- und intrapersonalen, musikalischen, linguistischen, körperlich-kinästhetischen und die räumlichen Intelligenzen. Was Steiner mit dem Blick auf ein ganzheitliches Menschenbild in pädagogischen Vorträgen und Lehrplanangaben für die Waldorfschule entwickelte, findet sich zu einem nicht unbeträchtlichen Teil bei Gardner in wissenschaftlicher Sprache als Ergebnis von Beobachtungen und Deduktionen wieder. Gardner könnte vielleicht auch Begabungen oder Fähigkeiten nen-

Die Ergebnisse Howard Gardners

nen, was er als verschiedene Intelligenzen bezeichnet. Entscheidend für das hier zu behandelnde Thema ist nicht die Frage, ob es sich bei Gardners sieben Gruppen um herkömmliche Intelligenz oder andere Kräfte handelt, sondern die Erkenntnis, dass ein Kind das Schulalter nicht durchlaufen sollte, ohne dass diese über die «IQ-Intelligenz» hinausgehenden Anlagen angemessen berücksichtigt werden. Ein wesentlicher Unterschied liegt dabei in der Betrachtungsrichtung: Steiner setzt nicht wie Gardner und andere neuere Forscher von außen an, sondern entwickelt seine Pädagogik aus der oben skizzierten inneren Struktur des Menschenwesens. Dadurch werden Bereiche, die Gardner unter dem Begriff der Intelligenz betrachtet, anderen Wesensschichten zugeordnet, und es werden die dort wirksamen Kräfte aufgezeigt.

Unterschiedliche Intelligenzarten fördern

An einigen markanten Beispielen soll dies verdeutlicht werden. In einem bereits erwähnten Vortrag spricht Steiner von plastischen Kräften. Er beschreibt ihre Verwandlung um das sechste Lebensjahr: «Das sind die Kräfte, die im Zahnwechsel ihren Abschluss finden, die vorher den Körper des Kindes ausplastizierten, die Skulpturkräfte, und die wir verwenden später, wenn der Zahnwechsel vor sich gegangen ist, um das Kind zum Zeichnen, zum Malen und so weiter zu bringen.»[27] Gardner ordnet diese Kräfte unter dem Begriff der «körperlich-kinästhetischen Intelligenz» ein. Ihre Wirksamkeit können wir besonders gut dort beobachten, wo die übliche Kopfintelligenz zurücktritt und die Formkräfte selbständig eingesetzt werden. Der ägyptische Handwerker, der zwar keine Kulturtechniken beherrscht, aber mittels solcher körperlich-kinästhetischen Intelligenz bei der Restaurierung eines Tempels einen Steinblock von Hand exakt plan schleift, der afrikanische Drechsler, der fast träumerisch mit Händen und Füßen gleichzeitig seine Gegenstände herstellt, die persische Teppichknüpferin – sie alle setzen wertvollste menschliche Kräfte ein,

Die Wirksamkeit plastischer Kräfte

die bei einer Vorherrschaft der Kopfintelligenz allzu leicht als nebensächlich oder gar minderwertig betrachtet werden. Welch hohen Rang sie auch in der technisierten Welt einnehmen können, zeigen Tätigkeiten wie die des Chirurgen, der Hausfrau und vieler Facharbeiter.

Ein anderes Beispiel betrifft die Musik. Gardner spricht auch hier von musikalischer Intelligenz, die er unter verschiedenen Aspekten untersucht.[28] Steiner charakterisiert in dem eben genannten Vortrag das Wirken musikalischer Kräfte vor und nach der Geschlechtsreife. Er unterscheidet dabei das von außen Kommende, «was an Tongefüge, was an Sprachinhalt vom Kinde aufgenommen wird», von demjenigen, was als «geistiges Element des Musikalisch-Sprachlichen» hinzukommt. Im Stimmwechsel mit seiner Differenzierung der hohen weiblichen und der tiefen männlichen Stimme, wie überhaupt im Unterschied der Geschlechter sieht er einen Ausdruck dieser musikalischen Prozesse. Er richtet auch hier die Aufmerksamkeit der Lehrer auf die Tatsache, dass Kräfte, die zunächst gestaltend im Organismus wirken, pädagogisch weiter gepflegt werden müssen, um diese Art von «Intelligenz» zu gewährleisten. Der von Steiner verwendete Begriff des «Musikalisch-Sprachlichen» macht deutlich, dass auch die Sprachgestaltung sowie das Fremdsprachenlernen an diesem Bereich Anteil haben.

Die Bedeutung der Musik

Aus solchen Überlegungen ergibt sich die besondere pädagogische Wichtigkeit der Musik. Kein Kind wird die Waldorfschule ohne Einführung in die Klangwelt durchlaufen, womöglich sollte jedes Kind ein Musikinstrument erlernen – nicht als Luxus, sondern als notwendigen Bestandteil ganzheitlicher Menschenbildung.[29]

Mit einem dritten Beispiel soll die Bedeutung der Klassengemeinschaft hervorgehoben werden. Gardners «interpersonale Intelligenz» ist als «Sozialkompetenz» inzwischen zum Schlagwort geworden. Steiner hat 1919 bei der Gründung der ersten Waldorfschule das viel zitierte Ziel ausgesprochen, der zukünftige Bankdirektor solle hier neben dem zukünftigen Handwerker sitzen. Die vielfarbige Mischung der unterschiedlichsten Intelligenzen und, nicht zu vergessen, der 1919 noch unübliche gemeinsame Unterricht für Jungen und Mädchen sind eine ständige soziale Herausforderung für alle Beteiligten und ein hervorragendes Übungs- und Lernfeld für Sozialkompetenz. In einer Klassengemeinschaft, bei der der größte Teil der Schüler durch zwölf Lebensjahre hindurch gemeinsam zur Schule gegangen ist, hat jedes Mitglied intensiv Einblick in die Lebens- und Denkweise des anderen gewonnen. Jeder musste sich mit den Verhältnissen der anderen auseinander setzen. Soziale und zwischenmenschliche Erfahrungen erhalten dabei eine andere Dimension, als wenn nach dem vierten Schuljahr der «bessere» Teil der Klasse ins Gymnasium abwandert und außerdem immer wieder durch «Sitzenbleiben» umsortiert wird.

«Sozialkompetenz» erwerben

Lernen durch elektronische Medien?

Zu den Voraussetzungen der Waldorfpädagogik gehört die unmittelbare Beziehung zwischen Lehrer und Schüler. Schule soll der Bereich sein, in dem Schüler und Lehrer als Personen miteinander und voneinander lernen. 1919 war dieses menschliche Band im staatlichen Schulwesen noch selbstverständlich – allenfalls durch exzessiven Gebrauch von Schulbüchern oder «Anschauungsmaterial» in Frage gestellt. Seither gab es aber in der allgemeinen Pädagogik mehrere Anläufe zur Lockerung des Lehrer-Schüler-Verhältnisses, bis hin zum Ersatz des Lehrers. Nach vereinzelten kleineren Versuchen brachte in den sechziger Jahren eine erste Begeisterungswelle hohe Erwartungen an Sprachlabors und «Lernmaschinen» mit eingebauten Kontroll- und Korrekturvorrichtungen; sie verebbte rasch und blieb weitgehend folgenlos.[30]

Computer im Unterricht – Gefahr für das Lehrer-Schüler-Verhältnis?

Nun stehen wir mit der Frage der elektronischen Multimedien vor einer weitaus umfassenderen Herausforderung.

In der Auseinandersetzung mit dieser Thematik muss zunächst unterschieden werden zwischen dem Einsatz elektronischer Medien als Lernmittel, ihrer Verwendung als Arbeitsmittel in der Berufswelt und – mit fließenden Übergängen zu diesen beiden – dem Bereich der Computerspiele. Ein weiterer, im Verhältnis meist weniger beachteter Aspekt betrifft die Auseinandersetzung mit dem Medium selbst, die Bewusstmachung seiner sinnvollen Anwendungen, seiner Auswirkungen, seiner Verlockungen.

Das Arbeitsmittel gehört mittlerweile so untrennbar zu unserer Gesellschaft, dass die Schule gar keine Wahl hat, ob sie es akzeptieren will oder nicht. Ein großer Teil der Schüler wird die Welt des Computers zunächst außerhalb der Schule betreten. In der allgemeinen Bildungsdiskussion ist es keine Frage, ob die Informationstechnologie in der Schule eingesetzt werden soll, doch stehen die immensen Kosten einer flächendeckenden Einführung zunächst noch im Wege. Aus pädagogischer Sicht rücken dagegen die Fragen an die Medien selbst in den Vordergrund.

Schon vor dreißig Jahren bei der Debatte um die Lernmaschinen spielte die Frage der Auswirkungen eines Lernmediums auf die Sozialfähigkeiten eine Rolle. Wenn nun seit einigen Jahren der Computer als Lernmittel in die Schulen Einzug hält, stellt sich diese Frage noch dringlicher. Der Computer ist seinem Wesen nach zunächst ein individuelles Arbeitsgerät. Wie schon die Bezeichnung «Medium» sagt, schiebt er sich im Dialog zwischen die Gesprächspartner und bringt dabei eigene Gesetzmäßigkeiten ein, die man sich bewusst machen sollte. Wenn die neuen Medien im Unterrichtsprozess selbst eingesetzt werden sollen, ist zunächst eine nüchterne Abschätzung dessen angebracht, was man sich konkret von diesem Schritt erhofft. Ein vollständiger Ersatz der Schule durch elektronische Medien, wie sie z.B. der Erziehungswissenschaftler Lewis Perelman oder die amerikanische Bildungspoli-

Welche Auswirkungen hat der PC auf die Sozialfähigkeiten?

tikerin Diane Ravitch annehmen, ist wohl mit Sicherheit nicht zu erwarten.[31]

Wie beim Sprachlabor und anderen pädagogischen Hoffnungsträgern der zweiten Jahrhunderthälfte sehen viele wiederum einen Nürnberger Trichter in Reichweite.[32] Mehrjährige Erfahrungen liegen aus den Vereinigten Staaten vor, wo von New Jersey bis Kalifornien finanzielle Mittel umgeschichtet wurden, um die Klassenzimmer zu vernetzen.[33] In Massachusetts waren die Begleitumstände nicht ohne Ironie: Eine wissenschaftliche Studie hatte ergeben, dass durch bildende Kunst und Musik das Volumen bestimmter Gehirnregionen erhöht werden könne; man hatte daraufhin für das Jahr 1997 vermehrt Stunden und Lehrerstellen für diese Fächer vorgesehen. Nun machte die Unterrichtsverwaltung eine Kehrtwendung, strich dieses Vorhaben, reduzierte außerdem den Sportunterricht und setzte eine Drittelmillion Dollar für Computeranschaffungen ein. Inzwischen zeigt sich, dass solche meist durch Industriespenden ergänzte Anschaffungen unüberschaubare Folge- und Modernisierungskosten nach sich ziehen.[34]

Die Fähigkeit zu eigenständigem Denken nimmt ab

Aber nicht nur aus finanziellen Gründen verbreitet sich allmählich Ernüchterung. Nachdem in mehr als einhunderttausend US-Schulen für Schulanfänger die CD-Rom «Readers Rabbit» eingeführt worden war, zeigte sich bei den Kindern eine deutliche Abnahme in der Fähigkeit zu eigenständigem Denken. Das Lernmittel wird zum Spielzeug oder, schlimmer noch, zum Suchtmittel. Ältere Schüler geraten in Versuchung, stundenlang zu «surfen», und es ist vielleicht nicht zufällig, dass dieser Ausdruck das Gleiten über eine Oberfläche bezeichnet. Ein Fachkongress der Deutschen Gesellschaft für Ernährung im März 1998 vermutet hinter dem immer früheren Auftreten von Übergewichtigkeit bei Kindern und Jugendlichen das ausgedehnte Sitzen vor dem Bildschirm.

Die nachdrücklichsten kritischen Anmerkungen kommen von Experten aus dem Bereich der neuen Medien selbst. Am bekanntesten sind die Warnungen des Computerspezialisten Joseph Weizenbaum.[35] Claus Eurich, Professor mit dem Fachgebiet Medienwirkungsforschung an der Universität Dortmund, setzt sich mit den Erwartungen von Pädagogen auseinander und weist auf den primär wirtschaftlichen Hintergrund der Verwendung neuer Medien in der Schule hin: «Das deutsche Volk, insbesondere seine so exportabhängige Zukunftsindustrie, benötigt eine neue technische Elite. Computer-Literalität muss daher das Bildungsziel Nr.1 heißen ...»[36] Er vermutet, «dass die spezifische Art der Informationsübertragung vom Rechner auf die Menschen wohl eher das vordergründige Erlernen als Verstehen fördert», und sieht eine neue soziale Klassenbildung entstehen: «die, die im Videospiel, also mehr oder weniger rezeptiv, verharren und sich nur unwesentlich von den Fernsehkindern, die sie selber ja auch noch sind, unterscheiden, und die, die fähig, in der Lage und bereit sind, die Computerwelt mitzugestalten und weiter zu entwickeln». Nicht durch den Umgang mit den neuen Medien, also durch learning by doing, werde der «kompetente und flexible Umgang mit den anstehenden Gegenwarts- und Zukunftsproblemen gewährleistet», sondern durch das «Erkennen von Strukturen und das Analysieren von Prozessen».[37]

Wirtschaftliche Hintergründe

Bei aller Skepsis wird sich niemand der Utopie hingeben, man könne den Computer aus dem Schulwesen der Zukunft ausschließen. Der von Eurich vorgezeichnete Weg wird daher auch für die Waldorfpädagogik der einzig gangbare sein. Rudolf Steiner forderte von Schülern wie Lehrern, dass sie das Funktionieren der modernen Technik verstehen, damals freilich noch im Hinblick auf Telegraf und elektrische Straßenbahn. Im Technologieunterricht der heutigen Waldorfschule wird man mit den Schülern zunächst einfache binäre Schaltungen herstellen und im Fortgang versuchen, zum Verständnis des Programmierens und der wichtigsten Anwendungen zu kommen. Man wird sich mit den Auswirkungen der Medienwelt beschäftigen und versuchen, einen bewussteren Umgang mit ihr zu begründen. Das kann bei aktuellen Anlässen beginnen: Die Frage wird von Schülern immer häufiger gestellt, ob sie für die Ausgestaltung von Epochenheften ihren PC benutzen dürfen. Sie werden bei einem PC-geschriebenen Heft auf andere Dinge achten müssen als bei einem handgeschriebenen, und folglich wird der Lehrer entsprechende Anforderungen stellen. Wird das Material für ein Referat oder eine Vertiefungsarbeit aus dem Internet entnommen, so wird das Gewicht mehr auf gedankliche Durchdringung und kritische Wertung der betreffenden Quellen zu legen sein.[38]

Epochenhefte mit dem PC gestalten?

Nicht jedem ist von vornherein bewusst, dass das Internet eine offene Sammlung von Elementen höchst unterschiedlicher Zuverlässigkeit ist. Vor allem aber wird die Beobachtung sich darauf richten müssen, wie sich der Zeitverbrauch bei der Arbeit am Bildschirm entwickelt: Ein wichtiges, aber noch wenig beachtetes Phänomen ist die Veränderung des Zeitbewusstseins beim Eintauchen in die virtuelle Welt mit Auswirkungen auf unser allgemeines Verhältnis zur Realität.[39]

Aspekte für den Umgang mit Computern

Versucht man die elektronischen Medien im Sinne unserer Fragestellung «Lernen Kinder mit dem Kopf?» zu charakterisieren, so wird man sich ins Gedächtnis rufen, dass ein Elektronenrechner nichts anderes ist als eine Nachbildung des Gehirns, eine Art verselbständigter Teilkopf. Ist nach allem Gesagten und noch Auszuführenden schon der im Gesamtorganismus integrierte Kopf für das Lernen nicht ausreichend, so kann es der losgelöste, emotions- und willenlose elektronische Kopf umso weniger sein, wenn wir uns als Menschen behaupten wollen.

4. Beispiele aus dem Lehrplan der Waldorfschule

Die ersten Schultage – die Gerade und die Krumme

«Alles ist rund», sagen die Indianer. Sie befinden sich damit durchaus im Einklang mit der mathematischen Erkenntnis, dass auch die Enden einer Geraden sich im Unendlichen treffen, zu einem unendlichen Kreis gehören. Für das menschliche Erleben aber sind gerade und krumm fundamental verschiedene Formelemente. In Natur und Technik, in Kunst und Bewegung begegnen sie uns in mannigfaltiger Gestalt. Sie sind das erste, was man in der Waldorfschule erforscht. In den ersten Schultagen, eingestimmt durch eine kleine Geschichte, üben die Erstklässler das Ziehen von Geraden und Bögen auf Malblättern, im Heft, an der Tafel; das erweist sich als schweres Geschäft, und dabei sieht es doch zunächst so hopfig leicht aus! Eine begriffliche Erklärung ist für dieses Tun nicht notwendig, wäre auch nicht hilfreich, aber die Kinder verstehen in unmittelbarer Anschauung, dass es sich um zwei Qualitäten unterschiedlichen Charakters handelt.

Diese Erfahrung der ersten Schultage nehmen sie mit ins Leben, ohne dass etwas definiert oder sonstwie «gesichert» werden müsste.

Eine fundamentale Polarität wird erlebt

Mehr oder weniger bewusst werden nahezu alle Waldorfschüler in späteren Jahren die Gerade und die Krumme bei mancherlei Anlässen vor Augen haben, nachdem sich schon während der Schulzeit in den verschiedensten Zusammenhängen die Bedeutung dieser Polarität erwiesen hat, in Pflanzenkunde und Geometrie, im Werken, im Feldmessen, in der Geographie, in der Kunst, in Physik und Mathematik ...

Manch einer wird sich angesichts dieser Ausführungen sagen:

«Was soll's, was hat das mit dem Lernen zu tun?» Dabei kennt fast jeder die Erfahrung, dass alles Lernen sich tiefer verwurzeln kann, dass die für das Lernen so wichtige Neugier leichter geweckt wird, wenn ein mehr oder weniger bewusster Sinnzusammenhang den Hintergrund bildet.

Die Sache hat für unser Thema noch einen weiteren Aspekt: Auch der Lehrer lernt an diesem ersten Schultag Entscheidendes. Die «Werke» der Kinder erweisen sich als individueller Ausdruck jedes Einzelnen, sie offenbaren Temperamente, Begabungen, Schwierigkeiten und bilden eine der Grundlagen für die zukünftige pädagogische Arbeit.

Was heißt künstlerischer Unterricht?

Eine der wichtigsten Fähigkeiten des Waldorflehrers ist die eingehende Wahrnehmung der Schüler und die Umsetzung des Wahrgenommenen in eine künstlerische Unterrichtsgestaltung. Mit dem von Rudolf Steiner oft gerade in pädagogischen Zusammenhängen verwendeten Begriff «künstlerisch» ist nicht ein regelloses, «großzügiges» Vorgehen gemeint, sondern die Fähigkeit und Bereitschaft, in jeder Situation und aus jedem Augenblick sein Handeln sachgemäß neu zu orientieren.

Auch als Eltern machen wir allzu oft die Erfahrung, dass mit starren Prinzipien mehr zerstört als gebildet werden kann. Die erforderlichen Fähigkeiten sind kaum jemandem in die Wiege gelegt; sie werden in der Ausbildung zum Waldorflehrer besonders gepflegt und müssen bei der weiteren Tätigkeit ständig vervollkommnet werden. Dies gilt auch für den Einsatz von praktischen und theoretischen Elementen (wobei inzwischen klar geworden ist, dass diese Aufteilung für eine differenzierte pädagogische Betrachtung unzureichend ist). Es soll daher im Folgenden versucht werden, die praktischen Elemente der Waldorfpädagogik unter vielfältigen Aspekten erscheinen zu lassen und zu begründen.

Wie wir gesehen haben, beginnt schon der erste Schultag nicht mit einem Lernen im üblichen Sinn des Erklärens und des gedächtnismäßigen Aufnehmens. Die nächsten Tage, Wochen und Monate setzen an den so begonnenen Weg weitere Marksteine. Die gewichtigsten sind die Teile des täglichen Hauptunterrichts:[40]

- Der rhythmische Teil bringt die Kinder durch Sprachübungen, Rezitieren, Singen, Bewegungs- und Zahlenübungen in aktive Tätigkeit.
- Ein mittlerer Teil umfasst in Darstellung und Gespräch die eigentlichen Unterrichtsinhalte.
- Ein Erzählteil schließt den Hauptunterricht ab.

Es versteht sich von selbst, dass diese Grundgliederung im Lauf der aufsteigenden Klassen entsprechend der kindlichen Entwicklung verändert wird.

Die Einrichtung des Hauptunterrichts selbst und seine Gliederung spiegeln die pädagogische Überzeugung wider, dass Rhythmus im Erziehungs- und Bildungsprozess ein unersetzliches gesundendes Element darstellt. Die Maxime «Rhythmus spart Kraft» ist in der heutigen Zeit mehr denn je gültig, und unrhythmische Lebensführung kann für die körperliche und seelische Gesundheit verheerende Folgen haben.

Rhythmische Unterrichtsgestaltung

In diesem Rahmen rhythmischer Stunden- und Lehrplangestaltung stehen auch vom ersten Schulmonat an künstlerische Übungen. Einmal wöchentlich wird in der Hauptunterrichtszeit mit Aquarellfarben gemalt, zunächst in Farbübungen, später im Zusammenhang mit den jeweiligen Epochenthemen. Auch hier wird ein Lernen aus unmittelbarer Erfahrung ermöglicht; im Unterschied zu rhythmischen Gestaltungen, die sich auch in den Naturreichen finden, ist die Kunst dem Menschen eigen – hier schafft er in völliger Freiheit Neues. Der Umgang mit «krumm» und «gerade» ist eine anfängliche Kunsterfahrung; mit der Malerei wird ebenfalls ein Übungsweg begonnen, der sich lebenslang fortsetzen kann. Im Lauf der Unter-

Das Aquarellmalen

und Mittelstufe tritt auch die Polarität von Farbe und Form immer deutlicher hervor, bis sie im betrachtenden wie im praktischen Kunstunterricht der Oberstufe zum Gegenstand einer bewussten Erforschung wird.

Schon mit dem ersten Schuljahr beginnt der Handarbeitsunterricht. Er umfasst zunächst einfache textile Techniken und ist somit auch die Ursache für das Schmunzelklischee der strickenden Jungen in der Waldorfschule. Obwohl manch ein Waldorfschüler mit Stolz ein Paar selbst gestrickte Socken oder gar einen selbst gestrickten Pullover trägt, ist das Ziel nicht eigentlich das Endprodukt, sondern die Übung einer Technik, bei der es auf Fingerfertigkeit, Sorgfalt, Gleichmäßigkeit und Formgefühl ankommt, auf Feinmotorik und Arbeitsdisziplin. Die im Handarbeitsunterricht gepflegten Fähigkeiten hängen eng mit der Ausbildung der Intelligenz zusammen. Begabungen und Schwierigkeiten der Kinder manifestieren sich im Umgang mit den Handarbeitstechniken und ihrer Feinmotorik. Tauschen die Lehrer in den Klassenkonferenzen diesbezügliche Wahrnehmungen aus, so ergeben sich Ansatzpunkte für individuelle pädagogische Hilfen.

Warum lernen Waldorfschüler stricken?

Die Fortsetzung der Handarbeit in die Mittel- und Oberstufe umfasst auch die Urtechniken des Spinnens und Webens und kann bis zum fachgerechten Schneidern führen. Wiederum sollen die Schüler nicht in erster Linie das Textilhandwerk lernen, sondern es sollen grundlegende Fähigkeiten ausgebildet werden. Wer einmal ein Spinnrad mit dem Fuß in gleichmäßiger Bewegung gehalten, daneben mit der Hand einen brauchbaren Faden zustande gebracht und auch noch gleichzeitig ein Gespräch geführt hat, der weiß, dass das Erreichte in vielerlei Hinsicht wertvoll ist. Steiner hat allerdings in den Konferenzen zur Lehrplanentwicklung vielfach darauf hingewiesen, dass in solchen Unterrichten nicht immer Jungen und Mädchen das Gleiche machen müssen, sondern dass die Lehrer die Aufgaben in pädagogisch sinnvoller Weise für eines der beiden Geschlechter variieren könnten.

Aus dem Geschilderten wird deutlich, dass von Beginn der Waldorfschulzeit an nicht der Lernstoff im Vordergrund steht, sondern die Voraussetzungen für seine sichere Aneignung und der Erwerb vielseitiger Fähigkeiten. Es soll der ganze Mensch mit der Vielfalt seiner Kräfte angesprochen werden. So wie das Spielen eines Kindes nicht Zeitvergeudung ist, sondern ein altersgemäßer Weg zu Welterfahrung und Freiheit, so sind die geschilderten Elemente der Waldorfpädagogik nicht unnötiger Luxus. Sie schärfen das Werkzeug, ohne das Leistung nicht möglich ist oder zumindest einseitig bleibt.

Der ganze Mensch wird angesprochen

Gemeinhin gehen wir als Erwachsene theoretisch davon aus, dass wir einen Vorgang zunächst verstehen müssen, um ihn dann beherrschen und selbst ausüben zu können: «Erst besinn‘s, dann beginn‘s.» Im praktischen Leben sind wir allerdings geneigt, zunächst etwas auszuprobieren, bevor wir die Gebrauchsanleitung durchlesen: «Probieren geht über Studieren.»

Das Kind geht dagegen grundsätzlich den «Probierweg», ob es sprechen oder laufen lernt, ob es mit Bauklötzen spielt, ob es sich mit seinem Drei- oder Zweirad auseinander setzt. Aus Spiel, Bewegung und Tätigkeit bilden sich die organischen Strukturen des Gehirns zu ihrer vollen Funktionsfähigkeit, es bilden sich der Gleichgewichtssinn, die Sprache und schließlich alles, was wir mit unseren Gliedern als praktische Fähigkeiten ausüben können. In welch radikalem Maß dies zutrifft, ist durch neuere Forschungen deutlich geworden. Der finnische Gehirnphysiologe Matti Bergström sieht daher im kindlichen Spiel geradezu die Voraussetzung für eine optimale Entwicklung des Gehirns.[41]

Das Kind geht den «Probierweg»

Wir wollen die Längsschnitte durch den Lehrplan fortsetzen, um diese Aspekte noch deutlicher werden zu lassen.

Gleichgewicht, Bauen, Gestalten – rings um die Hausbau-Epoche und den Werkunterricht

Das kleine Kind spielt mit Bauklötzen, türmt sie aufeinander, bis das Ganze zu schwanken beginnt. Jetzt hält es vielleicht die Luft an und legt einen weiteren Klotz auf und dann noch einen. Die Spannung steigt – und löst sich dann unvermittelt, wenn der Turm einstürzt. Große Freude, der Vorgang wird sofort wiederholt. Allmählich bildet sich in der «Spannungsphase» ein sicheres Gefühl für den entscheidenden Moment. Statische Gegebenheiten werden damit innerlich erfasst und verstanden, jede Erklärung ist überflüssig und würde nur Altklugheit begünstigen.

Ähnliches geschieht im Sandkasten. Die unterschiedliche Stabilität von trockenem und nassem Sand wird bald wahrgenommen und dann zunehmend bewusst eingesetzt. «Bewusst» heißt hier: Das Kind weiß sozusagen körperlich, dass nasser Sand stabiler ist als trockener, und es handelt danach. Eine rationale Erklärung dafür ist hier ebenso wenig notwendig wie bei den Bauklötzen – die vermag in diesem Fall übrigens auch die physikalische Wissenschaft bisher noch nicht mit Sicherheit zu geben.

Das kleine Kind – ein Baumeister

Etwas später gibt es Gelegenheit, mit Decken, Möbeln oder anderen Utensilien im Kinderzimmer oder unter dem Couchtisch einen Unterschlupf zu bauen oder draußen eine richtige Hütte, vielleicht gar ein Baumhaus. Kaum ein Kind, in dem nicht ein Baumeister steckt.

Im Vorschul- und im ersten Schulalter wird somit aus der spielerischen Tätigkeit heraus ein regelrechtes Baupraktikum absolviert. Die dabei gebildeten Fähigkeiten aktiviert die Schule mit einem Schwerpunkt in der 3. Klasse in der klassischen Hausbau-Epoche. Nun ist es an der Zeit, zu einer systematischen Ausgestaltung zu kommen, aber die Praxis nimmt immer noch einen wesentlichen Platz ein: Es werden gemeinsam verschiedene Haustypen erstellt, wobei man in der Regel von der einfachen Hütte ausgeht. Man überlegt Konstruktionen, sucht Materialien und prüft sie auf ihre Eignung. Die Schüler werden zu eigenen Ideen angeregt und stecken dann mit ihren Aktivitäten nicht selten auch die Eltern an.

Da der Klassenlehrer im täglichen Hauptunterricht aus dem gesamten Sachkundelehrplan schöpft, hat er eine umfassende Übersicht und kann vielerlei Möglichkeiten zu fächerübergreifenden Querverbindungen nutzen. In Klassenkonferenzen werden auch die Fachlehrer über die gerade aktuellen Inhalte informiert und können Geeignetes aufgreifen. Einige Beispiele seien angedeutet:

Die Hausbau-Epoche

- Geschichtliche Entwicklung der Kulturen, das Sesshaftwerden der Menschen und damit die Entwicklung des Bauens
- Geographisch-geologische Verschiedenheiten der Formen und Baumaterialien
- Klimatische Faktoren, vom Iglu der Arktis bis zur wandlosen, auf Pfosten luftig vom Boden abgehobenen Hütte der tropischen Wälder
- Völkerkundliche Aspekte und Gemeinschaftsformen
- Entwicklung der Werkzeuge, des Messens und anderes mehr, stets in Verbindung mit Materialkunde, d.h. mit Eigenschaften, Verfügbarkeit und Wirtschaftlichkeit der Baustoffe und ihrer Entwicklung vom reinen Naturmaterial zu Backstein, Mörtel, Stahl und Beton.

Kommt man am Ende einer solchen mehrwöchigen Hausbau-Epoche in die Klasse, so wird man eine Vielfalt von Hausmodellen vorfinden, die manchem Museum zur Ehre gereichen könnten. Die Kinder haben sich in dieser Zeit ein vielseitiges Wissen angeeignet und wesentliche Teile davon in eigenen oder gemeinsam erarbeiteten Aufsätzen in ihren Epochenheften festgehalten. Es ist ein qualitativ anderes Wissen als jenes, das man aus Büchern, Anschauungsmaterial oder elektronischen Medien weitgehend passiv aufnimmt. Einige Äußerungen von Drittklässlern mögen dies illustrieren:

«Christoph und ich haben uns geeinigt, wer unten am Turm ist und wer oben steht. Also Christoph ist hochgegangen und ich bin unten geblieben. Danach hat Manuelas Papa ein Brett hingestellt, damit wir es mit Bleistift anzeichnen konnten. Nun wussten wir, wo wir das Brett absägen mussten. Danach haben wir es mit Nägeln am anderen Balken befestigt ...» – «Erst macht man Mörtel und das geht so: Man macht vier Schaufeln voll Sand in den Schubkarren und dann macht man eine Schaufel voll Zement, dann mischt man alles und tut Wasser dazu und dann ist der Mörtel fertig. Erst nimmt man Mörtel und schmiert es auf den Backstein und setzt ihn sorgfältig hin und so macht man es die ganze Zeit ...»

Ein qualitativ anderes Wissen wird erworben

Während dieses Wissen im Fortgang des Unterrichts in alle anderen Fachbereiche einfließt, erweitert und vertieft wird, setzt sich der praktische Teil ab der 4. oder 5. Klasse im Werkunterricht fort, der im ursprünglichen Lehrplan noch mit dem sehr zutreffenden, aber heute nostalgisch anmutenden Ausdruck «Handfertigkeitsunterricht» bezeichnet wird. Wieder ist es so, dass aus der primär praktischen Tätigkeit prinzipielle Fähigkeiten und Erkenntnisse erwachsen sollen. Für eine mehr statistische Beobachtung wird es nicht möglich sein, alle entsprechenden Vorgänge und ihre Wirkungen in einem direkten Zusammenhang zu erkennen. Für den Pädagogen und die Eltern ist dies aber auch nicht erforderlich; für sie ist offenkundig, wie bei der Anfertigung von brauchbaren und formschönen Holzgegenständen nicht nur Materialkenntnis, Symmetrie- und Fingerspitzengefühl ausgebildet wurden, sondern sich auch Interesse für die Dinge, Konzentration und Urteilsvermögen entwickelten.

Besonders wichtig ist das fach- und materialgerechte Vorgehen von den ersten Anfängen an. Im Werkunterricht soll nicht gebastelt oder gepfuscht, sondern handwerklich solide gearbeitet werden, damit sich auch hier Wissen mit Arbeitsdisziplin und Geschicklichkeit verbinden kann. Die Schüler lernen aus eigener Arbeitserfahrung die verschiedenen Holzarten kennen, ihre unterschiedliche Struktur, Elastizität und Härte, und die daraus sich ergebenden unterschiedlichen Bearbeitungsmethoden und Verwendungsmöglichkeiten; sie werden vertraut mit den dazu verwendeten Werkzeugen, ihren Eigenheiten, ihrer sinnvollen Handhabung, ihrer Pflege.

Der Werkunterricht

Im Werkunterricht ergibt sich von selbst der Blick auf die Umwelt: Form und Vorkommen verschiedener Baumarten, Problematik der Verwendung von Tropenhölzern. Der Fortgang dieses Unterrichts in den Folgejahren führt neben einer Steigerung der Anforderungen zu Verknüpfungen mit weiteren Fachgebieten: So besteht eine der Aufgaben für die 8. Klasse darin, charakteristische Bewegungen von Tieren oder Arbeitsvorgängen umzusetzen in die Mechanik von Spielzeug. Im hüpfenden Frosch, in der Watschelente, im laufenden Hasen oder den sägenden Holzfällern wird Bewegungsmechanik erfasst und zur praktischen Anwendung gebracht – eine Herausforderung für Tüftler und eine Hilfe für alle, denen im Physikunterricht ein abstraktes Erfassen mechanischer Zusammenhänge schwer fällt, von der einfachen Hebelwirkung bis zur Umwandlung von geradliniger in kreisförmige Bewegung.

Es war schon mehrfach die Rede davon, dass mit dem Eintritt in die Oberstufe in der 9. Klasse eine Schwelle überschritten wird. Im Hauptunterricht lösen Fachlehrer den Klassenlehrer ab, der Unterricht geht nun vom Bildhaft-Anschaulichen in die gedanklich-wissenschaftliche Arbeitsweise über. Steiner sprach von den Stufen der «Kenntnis» und der «Erkenntnis». In diesem Alter geht die Schulpflicht zu Ende, und für viele Schüler fällt die Entscheidung zwischen Lehre oder weiterführender Schule.

Von der Kenntnis zur Erkenntnis

Dementsprechend nimmt in der Waldorfpädagogik auch der handwerkliche Unterricht speziellere Formen an: Für den Weg, den wir hier gerade betrachten, bedeutet das den Übergang vom Holzwerken zum Schreinern – an manchen Schulen auch zur Bildhauerei oder zum Bau von Musikinstrumenten. Eine genauere Darstellung der vielfältigen Möglichkeiten würde den Rahmen dieses Büchleins sprengen, denn an den inzwischen etwa achthundert über die Welt verteilten Waldorfschulen sind unter dem Einfluss unterschiedlicher kultureller Traditionen, gesellschaftlicher oder gesetzlicher Anforderungen zahlreiche Ausgestaltungen des ursprünglich in der Situation von 1919 angelegten Stuttgarter Lehrplanrahmens entwickelt worden. Ein fragmentarischer Überblick wird im letzten Kapitel gegeben. Das Prinzip einer wechselweisen Durchdringung von Wissen und praktischem Können ist jedoch überall wirksam. Es wird damit auch einer gesellschaftlichen Aufgabe Rechnung getragen, indem die handwerkliche Tätigkeit gleichwertig neben die intellektuelle gestellt wird. In manchen Ländern trifft das noch immer auf eine höchst brisante Problematik, die man in den sechziger Jahren als «white-collar-mentality» bezeichnete: Ein Gebildeter mutet sich dann tendenziell keine Handarbeit mehr zu.

Gleichwertigkeit von handwerklicher und intellektueller Tätigkeit

Aus rein deutscher Sicht ist ein anderer Gesichtspunkt wichtiger: In einer großen Zahl von Berufen wurden Studium und praktische Ausbildung in den letzten Jahrzehnten zunehmend miteinander verflochten. Entsprechende Impulse gab es seit langem, das Bauhaus der zwanziger Jahre ist einer der berühmtesten. Heute erfreuen sich Fachhochschulen zunehmender Wertschätzung, und die handwerklichen und künstlerischen Elemente der Waldorfpädagogik sind dafür eine gute Voraussetzung.[42]

In der 12. Klasse verbindet sich der praktische Strom nochmals in besonderer Weise mit einem Fach des Hauptunterrichts. Thema des betrachtenden Kunstunterrichts ist hier die Baukunst in ihrer Entwicklung seit den alten Kulturen Ägyptens und des Zweistromlandes. Die Bautechnik soll dabei angemessen berücksichtigt werden. Der Bogen schließt sich: Was sich das Kleinkind als statische Erfahrung zu Eigen gemacht hat, was die Drittklässler in der Hausbau-Epoche erlebten, das wird nun analysiert und exakt begründet: Wie

om Bauklotz zur Architektur-eschichte der 12. Klasse

funktioniert die Aussteifung eines einfachen Pfostenhauses? Worauf beruhen die noch heute gebräuchlichen Maßverhältnisse des römischen Backsteins? Welche Schub- und Zugkräfte treten in Dach-, Bogen- und Gewölbekonstruktionen auf? Solche Fragen werden zudem in geschichtliche und kulturelle Zusammenhänge gestellt und auf den Menschen selbst und seine Bewusstseinsentwicklung bezogen. Warum hat eine Pyramide, ein ägyptischer Tempel seine charakteristische Form? Warum haben griechische Tempel, gotische Kathedralen, barocke Schlösser oder moderne Hochhäuser eine ganz andere?

Steckt in jedem Kind ein Baumeister, wie zu Beginn dieses Überblicks gesagt wurde, so kann sich in der Architekturepoche der 12. Klasse daraus die Erkenntnis einstellen, dass der menschliche Körper selbst ein Gebäude ist – mit seiner Statik, seiner Außenform und seinem Innenraum, in dem Persönlichstes wohnt und arbeitet; nicht zufällig spricht der Architekt von Bauhaut, Baugliedern, Skelettbau, Außenverkleidung. Selbst im Evangelium wird der Zusammenhang ausgesprochen, wenn Jesus vom «Tempel seines Leibes» spricht.

So haben wir in der Linie vom Bauklotz zur Architekturgeschichte ein besonders markantes Beispiel dafür, wie in der Waldorfpädagogik Handeln und Denken in ständigem Zusammenwirken entwickelt werden sollen und wie eine Verbindung zum Menschenwesen dem Ganzen einen Sinn gibt.

Erde und Umwelt – rings um die Ackerbau-Epoche der 3. Klasse

Von klein auf erlebt das Kind die Pflanzenwelt, unbewusst zunächst, aber als selbstverständlichen Teil der Umgebung. Die zunehmende Verstädterung hat diesem Erleben zwar viel an Reichtum genommen, es aber keineswegs zum Verschwinden bringen können.

In den Kindergärten wird nach Möglichkeit ein Garten angelegt, womöglich hat sogar jedes Kind ein Beet, in dem es hackt und sät, gießt, sich am Wachsen und Blühen erfreut und erntet. Aus der eigenen Tätigkeit entsteht die Wahrnehmung des Pflanzenlebens und eine Kenntnis der notwendigen Pflege. In den Waldorfkindergärten wird großer Wert darauf gelegt, die Pflanzenwelt mit dem Erleben des Jahreslaufes zu verbinden. Eine «Jahreszeitenecke» versammelt alles, was man in den verschiedenen Monaten findet, die Kinder werden angeregt, die Augen offen zu halten und beizutragen, was ihnen wichtig erscheint. Spielerisch wird vieles vorbereitet, worauf dann die Schule aufbauen kann.

Das Erleben der Pflanzenwelt

Fast immer wird sich von den ersten Schultagen an die Pflanzenkunde mit praktischem Tun verbinden. Nicht nur, dass die Erstklässler auch in ihrem Klassenzimmer einen Jahreszeitentisch pflegen, wie ihn viele schon aus dem Kindergarten kennen; nun sind es auch die lebendigen Pflanzen in der Klasse, die man mit Namen kennt und ihrer Art entsprechend pflegt – der Papyrus steht am liebsten im Sumpf, dem Kaktus würde das absolut nicht bekommen. Die Kinder wechseln sich in der Pflege der Pflanzen ab, so dass für einen gewissen Zeitraum eines von ihnen verantwortlich ist, dann wieder ein anderes. Damit soll sich Verantwortung bilden, und alle Kinder der Klasse sollen mit einer sachgerechten Blumenpflege vertraut werden.

Eine ausgesprochene Pflanzenkunde, wenn auch nicht auf den ersten Blick als solche erkennbar, setzt in der Ackerbau-Epoche der 3. Klasse ein. Die Besprechung und Unterscheidung der heimischen Getreidearten erfordert genaues Beobachten und mündet in die Betrachtung der Grundtechniken von Feldbestellung und Ernte. Daran kann in verschiedenen Zusammenhängen später wiederum angeknüpft werden – z.B. wenn in der Geographie zur Sprache kommt, dass jeder Erdteil «sein» Getreide hat, dessen Art und Anbau immer etwas vom Charakter des Landes und der Bewohner widerspiegelt: der Reis in Süd- und Ostasien, die Hirse in Afrika, der Mais in Amerika.

In dieser Epoche werden nun soweit irgend möglich Anbau und Verarbeitung des Getreides von der Klasse auch praktisch durchgeführt. Hat man Glück, so besteht Verbindung zu einem Landwirt, und man kann dort ein eigenes kleines Feld bewirtschaften. Notfalls muss ein Stück im Schulgarten genügen. Alle Arbeiten werden von Hand ausgeführt. Haben die Kinder selbst einmal den Pflug gezogen und beim Führen mit ihrem ganzen Gewicht in die Erde gedrückt, dann wissen sie, was Pflügen heißt. Wie viele Kinder sind notwendig, um einen Pflug zu ziehen? Wer bringt es fertig, ihn allein in die Erde zu drücken? Sollte sich vielleicht das schwerste Kind auf den Pflug stellen, um das Gewicht zu erhöhen? – Solches Wissen kann kein Lehrbuch vermitteln, und es ist doppelt wichtig in einer Zeit, in der Traktoren und Mähdrescher in den Industrieländern das Bild beherrschen und den Blick auf den enormen Arbeitseinsatz verstellen, der zur Erzeugung unserer Nahrung aufgebracht werden muss.

Die Ackerbau-Epoche: Praktisches Tun führt zu individuellem Wissen

Gelingt es dann noch, das angebaute Getreide auch selbst zu dreschen, zu mahlen und gemeinsam daraus Brot zu backen, dann ist der Idealfall dieser ausgedehnten Unterrichtsepoche erreicht – naturgemäß zieht sie sich in ihren einzelnen Phasen vom Frühjahr bis zum Herbst, wobei es nicht selten vorkommt, dass eine Gruppe von Kindern einige Tage der Sommerferien drangibt, um mit der Klassenlehrerin oder dem Klassenlehrer die Ernte einzubringen.

Im vorangegangenen Kapitel wurde ein besonders waldorfspezifisches praktisch-künstlerisches Element erwähnt, das in den verschiedensten Nuancierungen die acht Jahre der Klassenlehrerzeit begleitet: das Aquarellmalen. In der Regel nimmt es einmal wöchentlich die Hauptunterrichtszeit in Anspruch. Es kann, muss aber nicht mit dem jeweiligen Epochenthema verbunden sein. Wenn nun in den Folgejahren die Pflanzenkunde und andere Fachbereiche systematisch an charakteristischen Beispielen

Das Wissen soll nicht im Kopf verankert bleiben

vertieft werden, ist die Einbeziehung des Malens besonders wertvoll und fügt dem Wissen eine weitere Dimension hinzu. Das Aquarellmalen sollte nicht verwechselt werden mit den Zeichnungen, die von den Schülern meist täglich zur Illustration ihrer Epochenhefte angefertigt werden. Während diese auf Wiedergabe exakter Beobachtungen und auf detailgenaue Charakterisierung einzelner Pflanzen angelegt sind, soll das Aquarellmalen durch die Farbe Stimmung und atmosphärische Einbettung der jeweiligen Pflanzen zum Ausdruck bringen.

Nach der 3. Klasse tritt mit der zunehmenden Systematisierung der Pflanzenkunde gleichzeitig eine deutlichere Trennung der theoretischen und praktischen Komponenten ein. Im Hauptunterricht konzentriert sich der praktische Anteil auf die Beobachtung des Besprochenen, allenfalls mit Anregungen – etwa durch einen Wettbewerb, wer den Löwenzahn mit der längsten Wurzel mitbringt oder Ähnliches.

Gartenbauunterricht

Daneben bildet aber der nun einsetzende Gartenbauunterricht das praktische Gegengewicht, in der Regel mit einer wöchentlichen Doppelstunde. Lebten die Kinder mit dem «Jahreszeitentisch» in den ersten Schuljahren mehr gefühlsmäßig den Jahresrhythmus der Pflanzenwelt mit, so lernen sie ihn jetzt im Gartenbau aus der Perspektive der mit den Pflanzen und dem Boden arbeitenden Berufe kennen. Sie werden selbst tätig. Es kann hier nicht der Lehrplan des Gartenbauunterrichts dargestellt werden, doch kann man pauschal sagen, dass von der Gerätekunde bis zum Veredeln die wichtigsten Schritte einer Gärtnerlehre gegangen werden. Nach allem bisher Gesagten ist wohl unschwer zu erkennen, dass es sich dabei nicht um eine in die Schule gepackte Schmalspur-Berufsausbildung handelt, sondern um die notwendige Harmonisierung eines bloßen Wissenserwerbs. Die Schüler werden erleben, dass sie Teil eines bewundernswürdigen, aber empfindlichen Lebensgefüges sind, das auf unsere verantwortungsbewusste Pflege angewiesen ist.

Das Landwirtschaftspraktikum

In diesem Sinne bildet zu Beginn der Oberstufe das meist vierzehntägige Landwirtschaftspraktikum einen besonderen Akzent. Es kann als Gemeinschaftspraktikum durchgeführt werden, bei dem die ganze Klasse auf einem Hof oder in einer Höfegemeinschaft arbeitet, es ist aber auch möglich, dass die Schüler auf verschiedene Höfe eines nicht allzu weiträumigen Gebietes verteilt sind. Im ersten Fall bietet sich die Möglichkeit einer Verbindung mit geographischen, geologischen oder astronomischen Unterrichtseinheiten; bei der zweiten Alternative ist der Einzelne meist stärker in die Hofgemeinschaft integriert und infolgedessen auch persönlich besonders gefordert. Bei jeder der beiden Möglichkeiten bildet die soziale Seite des Miteinanderlebens und -arbeitens eine wesentliche Erfahrung. Je nach Jahreszeit und Schwerpunkt des Hofes arbeiten die Schüler vierzehn Tage lang bei Feldvorbereitung oder Ernte, im Stall oder auf dem Feld. Sie müssen die strengen Vorschriften der Milchbehandlung beachten, Gemüse nach den Marktanforderungen sortieren oder auch einmal bei Direktverkauf auf dem Markt mit von der Partie sein. Sie stehen vor tief greifenden Erfahrungen, etwa wenn auf dem Hof während des Praktikums ein Rind oder Schwein geschlachtet wird.

Vielfältige Erfahrungen im Landwirtschaftspraktikum

In jedem Fall werden nicht nur landwirtschaftliche, sondern auch wirtschaftliche und die immer aktueller werdenden ökologischen Fragen einen wichtigen Platz einnehmen. Der Blick in einen Praktikumsbericht möge davon einen Eindruck vermitteln: «Die recht trockene Witterung des letzten Winters begünstigte unsere Vorhaben. Die Aufgabe hieß: Lichtungshieb im südwestlichen Schulwald mit Brennholzgewinnung. Langfristiges Bestandsziel ist der artenreiche, altersgestaffelte Mischwald. Dabei kommt man um gezielte Pflegeeingriffe nicht herum, zum Beispiel Freistellung junger Lärchen und Kirschen, die ohne Hilfe in den entscheidenden Jahren gegen Buchen und Hainbuchen aussichtlos eingehen müssten. Es wurden etwa 80 Alt- und 100 Jungbäume gefällt, in Stücke gesägt und von uns an die Wegränder getragen. Mit Hilfe eines Karrens konnten immer zwanzig Stücke gleichzeitig zum Hackplatz transportiert werden. Wurden ganze Stämme für Zimmermannsarbeiten benötigt, so spannten wir uns zu zehnt an einer Strickleiter vor den Stamm und zogen ihn aus dem Wald. In der kalten Winterluft machten wir das Bild einer schnaubenden Pferdelokomotive ...»[43]

Dass ein solches Praktikum nicht nur an die Jugendlichen, sondern auch an die begleitenden Lehrer und die aufnehmenden Höfe ungewöhnliche Anforderungen stellt, muss wohl nicht besonders erwähnt werden. Es bildet aber einen charakteristischen Baustein für die Ausbildung des Gleichgewichts von Kopf und Hand, so dass nur wenige Waldorfschulen auf das Landwirtschaftspraktikum verzichten.

Damit kann dieser kurze Überblick abgeschlossen werden. Er soll zeigen, wie auch im Fachgebiet Biologie durch Wechsel sowie Parallelität von praktischen und kognitiven Komponenten eine umfassende Verbindung mit entsprechenden Lebensprozessen und Sachverhalten angestrebt wird und wie sich dabei vielfache Querverbindungen ergeben, die ein Auseinanderfallen der Fächer verhindern können. Eine der direktesten Querverbindungen ergibt sich naturgemäß zwischen Landwirtschaftspraktikum und Erdkunde. Hier wird ein besonderer Aspekt praktisch vertieft: das Feldmesspraktikum.

Verschiedene Fächer werden miteinander verbunden

Das Feldmesspraktikum

In den Geographie-Epochen der 10. und 11. Klasse betrachten wir die Erde zunächst mit ihren vielfältig ineinander wirkenden Prozessen als Gesamtorganismus. Darauf folgt eine größere Distanzierung, indem das Problem der exakten Abbildung der gekrümmten Erdoberfläche auf zweidimensionalen Karten behandelt wird und der Blick sich schließlich auf die Erde als Himmelskörper und auf das Weltall richtet. In diesem Zusammenhang findet, meist in der 10. Klasse, ein etwa zweiwöchiges Feldmesspraktikum statt. Wer als Außenstehender zum ersten Mal davon hört, wird sich darunter zunächst nichts Konkretes vorstellen können, andererseits taucht es auffällig oft in Erinnerungen ehemaliger Waldorfschüler – neben dem Theaterspiel – als besonderer Höhepunkt der Schulzeit auf.

Das Feldmessen – oft ein Höhepunkt für die Schüler

Die Aufgabe besteht darin, ein bestimmtes Gelände von überschaubarer Ausdehnung zu vermessen und kartographisch zu erfassen. Ideal ist es, wenn die dabei entstehende Karte tatsächlich gebraucht wird – z.B. für die Planung eines Kinderspielplatzes, den Bau einer Schule oder für einen anderen konkreten Zweck; die Hauptforderung, dass diese Karte stimmen muss, bekommt dann im Bewusstsein der Schüler ein zusätzliches Gewicht.

Für die Durchführung sind zunächst Grundkenntnisse in Trigonometrie und Geodäsie erforderlich, die ebenso wie die Handhabung der wichtigsten Geräte vor dem eigentlichen Praktikum noch im Klassenzimmer und auf dem Schulhof vermittelt werden. Im Gelände muss man sich dann auf geeignete Basislinien einigen, und es müssen spezialisierte Gruppen gebildet werden: für Längen- und Winkelmessung, Nivellieren und die jeweilige Protokollführung. Jeden Abend tragen die Gruppen ihre Messergebnisse in die entstehenden Kartenblätter ein, und die Spannung wächst, ob alles so zusammenstimmt, dass das Basisvieleck sich exakt schließt. In diesem ganzen Prozess ist jeder auf alle anderen angewiesen – sowohl innerhalb der einzelnen Teams als auch im Zusammenspiel der verschiedenen Gruppen. Fehler werden spätestens am Abend beim Übertragen der Werte offenkundig, gegebenenfalls muss nachgemessen werden. Das fertige Kartenblatt ist einerseits objektives Ergebnis einer exakten Arbeit im Gelände, trägt aber dennoch aufgrund unübersehbarer Stilunterschiede in Anlage, Beschriftung und Kolorierung die persönliche Handschrift jedes Schülers.

Sozial- und Industriepraktika

Zu den Elementen, die erst nach dem Zweiten Weltkrieg in den Waldorfschulen entwickelt wurden, gehören zwei- bis vierwöchige Praktika in der 11. Klasse. Sie erfordern im Vergleich zu den vorangegangenen Praktika von den Schülern mehr Eigeninitiative in der Vorbereitung und größere Selbständigkeit in der Durchführung. An einzelnen Schulen haben sich unterschiedliche Traditionen bezüglich der Entscheidung zwischen Sozial- und Industriepraktikum entwickelt, doch kann auch an einer Schule in verschiedenen Jahren die Entscheidung für das eine oder andere wechseln.

Es empfiehlt sich hier meist, dass die Schüler sich selbst einen Praktikumsplatz suchen und dort Vorgespräche führen – wenn auch die Schule erforderlichenfalls mit Adressen behilflich ist, den Schülern in der Regel ein informatives Schreiben an die Firmen oder Sozialeinrichtungen mitgibt und das Praktikum während der Durchführung betreut. Oft liegt eine Woche der Gesamtzeit innerhalb der Schulferien.

Einblick in die Sozial- und Arbeitswelt

Handelt es sich um Sozialpraktika, so kommen dafür Kindergärten und Altenheime, Sozialeinrichtungen für Obdachlose oder Randgruppen, Krankenhäuser, Asylantenbetreuung und Ähnliches in Frage; für Industriepraktika kommen neben eigentlichen Industriebetrieben auch Handelsfirmen oder andere geeignete Berufsfelder in Frage. In allen Fällen sollen die Schüler durch eigene Mitarbeit Einblick in die reale Sozial- und Arbeitswelt gewinnen. Sie sind in der Mehrzahl aller Fälle allein an der gewählten Stelle, nur selten macht eine Gruppe von Klassenkameraden das Praktikum gemeinsam. Die Erfahrungen zeigen, dass hier oft tief greifende Erkenntnisse gewonnen werden, die nicht selten zu Lebensentscheidungen führen.

Selbstbewusstsein durch freies Sprechen und Theaterspiel

Von der 1. Klasse an treten die Schüler immer wieder einzeln oder in Gruppen mit ihrem Zeugnisspruch und mit Rezitationen vor die Klasse. In regelmäßigen Monatsfeiern geben sie der Schulgemeinschaft Einblick in das im Unterricht Erarbeitete. Dabei nehmen kurze szenische Darbietungen einen wichtigen Raum ein, besonders auch in den beiden Fremdsprachen, die von Schulbeginn an gelernt werden und in den ersten drei Jahren ausschließlich auf Sprechen und Singen aufgebaut sind. Auch bei Elternnachmittagen ergeben sich Gelegenheiten, vor einem Publikum zu stehen.

Die Jahresarbeit der 8. Klasse

Solche Übungen führen im Verlauf der Mittelstufe zu selbständig ausgearbeiteten Referaten und zu der Jahresarbeit der 8. Klasse (s. dazu auch unten, S. 60 f.). Jeder Schüler und jede Schülerin berichten dabei vor Eltern, Lehrern und Mitschülern, auch anderer Klassen, von ihrer Arbeit. Sie schildern den Entstehungsprozess von der Themenwahl über spezielle Erfahrungen und Probleme bis zum Abschluss und erläutern gegebenenfalls künstlerische Arbeiten oder Werkstücke, die im Rahmen des Themas entstanden sind.

Das ganze Übungsfeld setzt sich mit gesteigerten Anforderungen in die Oberstufe fort. So schließt sich an jedes der oben genannten Praktika ein Berichtsabend an, bei dem die Schüler der Klasse ihre Tätigkeiten im Praktikum und ihre persönlichen Beobachtungen und Erfahrungen vortragen; auch hier sind zunächst Eltern und Lehrer der Klasse eingeladen, die Abende sind aber offen für Freunde, Geschwister, Lehrer anderer Klassen und weitere Interessierte, so dass sich der Einzelne oftmals einem Kreis von über einhundert Zuhörern gegenübersieht. Die Schüler stärken ihr Selbstbewusstsein, indem sie sich mit sicher beherrschten Themen an das freie Sprechen vor einem Publikum gewöhnen – eine Fähigkeit, die ihnen im weiteren Leben bei Prüfungen, Vorstellungsgesprächen und vielen anderen Gelegenheiten zugute kommen soll.

Freies Sprechen üben

Je nach Initiative der Schüler und Lehrer werden solche Erfahrungen ergänzt und bereichert durch Einstudierungen dramatischer Szenen oder ganzer Werke. Dafür bietet insbesondere der Fremdsprachenunterricht interessante Ansätze. Während solche Unternehmungen nicht an allen Waldorfschulen üblich sind, bildet fast überall ein gemeinsames Abschlussspiel den krönenden Höhepunkt der 12. Klasse. Manchmal geht das so weit, dass ehemalige Schüler ihre Klasse nicht durch Angabe des Abschlussjahres, sondern durch das Abschlussspiel identifizieren: Man war in der «Don-Carlos-» oder der «Nun-singen-sie-wieder-Klasse».

In der Realisierung einer solchen Inszenierung fließt alles zusammen, was im Lauf der Schulzeit an Fähigkeiten gebildet wurde. Sie kann zum Prüfstein werden, ob die Klasse, ob der Einzelne den Anforderungen gewachsen ist. Dabei sind diese Anforderungen nicht von vornherein klar abzusehen. Der Prozess beginnt harmlos: Eine Reihe von möglichen Stücken wird benannt, vielleicht am Ende der 11. Klasse, und die Schüler erhalten die Aufgabe, während der Sommerferien eines oder mehrere dieser Stücke zu lesen. Zu Beginn des letzten Schuljahres können dann die Ergebnisse dieser Studien ausgetauscht und eine gemeinsame Entscheidung für ein bestimmtes Stück getroffen werden – nicht immer ein leichter und reibungsloser Vorgang!

Das Abschlussspiel der 12. Klasse

Nun folgt die soziale Herausforderung: die Rollenbesetzung. Selten hat ein gutes Stück viele Hauptrollen, selten hat es überhaupt so viele Rollen, wie die Klasse Schüler hat. Nicht alle Wünsche können befriedigt werden. Andererseits sind wichtige Aufgaben im Hintergrund zu übernehmen – die Verantwortung für Kostüme, Bühnenbild, Requisiten, Beleuchtung, das Soufflieren ...

Jede Klasse wird in Zusammenarbeit mit einem oder mehreren Lehrern diese Aufgaben in unterschiedlicher Art angehen und lösen. Es gehört zu den eindrucksvollsten Erfahrungen für Lehrer und Eltern, die intime Menschenkenntnis zu erleben, mit der sich Schüler gegenseitig und selbst einschätzen, vielleicht auch gerade diejenigen für eine Rolle vorsehen, die dabei über ihren Schatten springen müssen. Der Prozess der Einstudierung und die Aufführung selbst fordern dann höchstes persönliches Engagement und zuverlässiges Zusammenspiel. Hier zeigt sich, dass auch der kleinste Beitrag für das Gelingen von entscheidender Bedeutung ist. Für jeden Beteiligten ist klar, dass der Gewinn in vielen Lebens- und Lernbereichen zu Buche schlägt und womöglich höher zu veranschlagen ist als eine beträchtliche Anzahl normaler Unterrichtsstunden.

Ein sozialer Lernprozess

Die Auswirkungen einer solchen zwölf- bis dreizehnjährigen Sprach- und Selbständigkeitsschulung treten der Schule regelmäßig von dritter Seite entgegen; wenn während der mündlichen Abiturprüfungen der Gedankenaustausch zwischen Waldorflehrern und ihren Kollegen von staatlichen Gymnasien stattfindet, so wird immer wieder der auffällige Eindruck von selbstsicheren, sich frei und ungezwungen äußernden Jugendlichen hervorgehoben.

Jahresarbeiten

Die Arbeiten zum Abschluss der 8. Klasse, vor dem Eintritt in die Oberstufe, wurden bereits erwähnt. Ihr wichtigstes Merkmal ist die individuelle Leistung eines Schülers auf einem selbst gewählten Gebiet. Die Themenwahl ist nicht auf die Unterrichtsfächer beschränkt. Es kann eine handwerkliche, künstlerische oder schriftliche Aufgabe im Vordergrund stehen.

In der Oberstufe finden sich bei verschiedenen Waldorfschulen sehr unterschiedliche Ausgestaltungen dieses pädagogischen Ansatzes. An manchen Schulen fertigt jeder Schüler ab der 9. Klasse jährlich eine Vertiefungsarbeit aus einem der Unterrichtsfächer an – also nicht mehr aus einem beliebigen Interessengebiet. Ein Fachlehrer betreut die Arbeit, begleitet Aufbau, Materialsammlung und Ausführung und hilft bei auftretenden Schwierigkeiten. Günstig ist es, wenn die ganze Klasse vor Inangriffnahme dieser Vertiefungsarbeiten eine Einführung in die Benutzung von Bibliotheken, Nachschlagewerken und Bibliographien sowie Hinweise auf die Möglichkeiten des Internets erhält und bei dieser Gelegenheit mit Grundbedingungen wissenschaftlichen Arbeitens bei Materialauswahl, Zitaten, Gliederung und Quellennachweis bekannt gemacht wird. Mit aufsteigenden Klassen werden an die Vertiefungsarbeiten erhöhte Anforderungen gestellt, mitunter wird auch ein größerer Themenrahmen vorgegeben. So könnten beispielsweise Biographien das Thema der 9. Klasse bilden, Geschichtliches das der 10., Naturwissenschaft das der 11. Wie gesagt, gibt es jedoch für solche Vertiefungsarbeiten eine große Bandbreite von Gepflogenheiten, und nicht an jeder Schule sind sie überhaupt üblich.

Vertiefungsarbeiten in der Oberstufe

Demgegenüber gehören die Jahresarbeiten der 12. Klasse zum Bestand des Waldorflehrplans, wenn sie auch mancherorts den gehäuften Anforderungen der Abschlussklasse und dem Hereinwirken der Abituranforderungen zum Opfer fallen. Vom Bildungsziel der Waldorfschule aus gesehen, fließen in der 12. Klasse die Ergebnisse aller Unterrichtswege und aller Fächer zu einem vernetzten Bild zusammen. Der junge Mensch soll aus einer Überschau das Bild der Vergangenheit, die Probleme der Gegenwart

Die 12. Klasse: Überblick gewinnen

und die Aufgaben der Zukunft erkennen oder wenigstens erahnen können. Mit den formalisierten Abituranforderungen lässt sich dieses Ziel schwer vereinbaren; es müssen Kompromisse gemacht werden. Dennoch kann man in den Jahresarbeiten der 12. Klasse ein wesentliches Element eines «waldorfgemäßen» Abschlusses sehen.

Zu Beginn des letzten Schuljahres entscheiden sich die Schüler für die Grundrichtung der Arbeit: betrachtend-wissenschaftlich, künstlerisch oder handwerklich. Sie fassen eine Aufgabenstellung ins Auge, suchen sich einen Betreuungslehrer und legen mit diesem zusammen thematische Abgrenzung und Grobstruktur fest. Den Hauptteil der Arbeit haben sie selbständig zu bewältigen. Aus dem ersten Bereich kommen sowohl geisteswissenschaftliche, literarische, naturwissenschaftliche als auch fremdsprachliche Themen in Frage, der zweite umfasst sowohl bildende Kunst als auch Musik und Bewegungskunst bis zur Bühnenreife, im dritten sind handwerkliche Arbeiten verlangt, die oft das Niveau von Gesellenstücken erreichen. In einer festlichen Veranstaltung sind die fertigen Arbeiten der Schulgemeinschaft und weiteren Gästen in geeigneter Form vorzustellen und zu erläutern.

Steht im Theaterspiel das soziale Zusammenwirken auf dem Prüfstand, so ist es in der Abschlussarbeit die individuelle Leistung.

Die Abschlussarbeit als individuelle Leistung

Beides ergänzt sich und ist in der Synthese vielleicht besser geeignet, Berufsperspektiven zu öffnen, als das in Ziffern und Kommastellen geronnene Ergebnis von Prüfungsaufgaben. Wenn es dieses ersetzen sollte, so ließe sich ein Waldorfschulabschluss denken, in dem je eine Jahresarbeit aus dem gedanklichen, dem künstlerischen und dem handwerklichen Bereich die Fähigkeiten der Schulabgänger zum Ausdruck bringt.

5. Bildungswelt des dritten Jahrtausends – eine Welt der Arbeitslosen?

Die radikale Veränderung der Arbeitswelt

In den vorangegangenen Kapiteln klang die Überzeugung mit, dass junge Menschen zur aktiven Gestaltung der Zukunft ermutigt werden müssen. Bildung darf nicht Instrument der Anpassung bleiben; und doch gibt es deutlich sichtbare Veränderungen, deutlich absehbare Entwicklungen in der Welt, die man illusionslos ins Auge fassen muss, wenn man ihren Fortgang beeinflussen will.

Schaut ein vor dem Ersten Weltkrieg Geborener heute auf seine Jugendzeit zurück, so blickt er in eine andere Welt: Zwar hatte sich die Elektrizität schon weitgehend etabliert, doch gab es in vielen Städten noch Gasbeleuchtung, auf dem Land Petroleumlicht und Kerzen. Das Automobil war ein Privileg Wohlhabender, ein Flugverkehr mit Propellermaschinen begann sich gerade zu entwickeln, Reisen nach Amerika, Fernost oder Australien waren kostspielige mehrwöchige Unternehmungen auf kohlebetriebenen Schiffen. Rundfunkempfänger und Telefon gehörten zu den Luxusgütern, Fernsehen gab es noch nicht, die Farbfotografie war den meisten Leuten nur vom Hörensagen bekannt. Und vor allem: Arbeit war noch in hohem Maß Handarbeit.

Wie reagieren wir auf den Wandel der Arbeitswelt?

Zwei Generationen später, 1980: Die Arbeit mechanisiert und rationalisiert, flächendeckende Stromversorgung eine Selbstverständlichkeit, das eigene Auto für jedermann erreichbar, weltweiter Düsenflugverkehr zu Billigpreisen, Fernsehen und Telefon fast in jedem Haushalt, Fernsehvariationen bis zum Bildtelefon und Videogerät allüberall. Die Elektronik beginnt Allgemeingut zu werden. Durch all dies ist die Handarbeit im Berufsleben ebenso wie das Zu-Fuß-Gehen auf ein Minimum reduziert.

Nur eine halbe Generation später, 1995: Rasante Elektronisierung aller Lebensbereiche, der Mensch verschwindet aus der durchschaubaren Steuerung des Verkehrs, des Geldflusses, der Produktionsprozesse. Da weithin die Elektronik Arbeit automatisiert, steigt die Arbeitslosenzahl logischerweise im selben Maße an – und zwar nicht nur da, wo früher mit der Hand gearbeitet wurde, sondern auch im Bereich der Kopfarbeit.

Über alledem hat sich das Menschenbild gewandelt. Religion, Moral, Gemeinsinn und ähnliche Kategorien haben in dieser Entwicklung nur noch eine Randexistenz, der Mensch lebt isolierter, in verschiedenster Beziehung freier, unabhängiger, individueller, dabei zwangsläufig riskanter und unsicherer. Wer in einem bestimmten Beruf ausgebildet wurde, muss damit rechnen, in einem ganz anderen tätig zu werden. Der Schriftsetzer, der 1960 noch am Bleisatz ausgebildet wurde und einst mit der Hand jeden einzelnen Buchstaben bewegte, kann heute allenfalls nostalgisch an diese Technik zurückdenken – er ist nur ein besonders radikales Beispiel von vielen.

Bei diesem Wandel der Arbeitswelt breitet sich rasch die Erkenntnis aus, dass immer weniger Menschen mit einem festen Anstellungsverhältnis rechnen können. Wir müssen selbst initiativ werden, unternehmerisch denken. Damit muss eine Frage immer dringlicher in unser Bewusstsein treten: Will ich mein eigenes Leben gestalten oder abhängig, «außengelenkt» bleiben? Will ich mich den Sachzwängen und angeblich zwangsläufigen Entwicklungen fügen oder aktiv an Veränderungen mitwirken? Wo in unserer Zeit Furcht erregende anonyme Mächte die Geldströme, das Wirtschaftsleben und die Weichenstellungen der Macht zu bestimmen scheinen, ist unsere freie Initiative gefordert. Voraussetzung dazu ist Selbstbewusstsein, Vertrauen in die eigenen Kräfte, Arbeit an den eigenen Fähigkeiten.

Freie Initiative ist gefordert

Die Veränderungen der Zivilisation und des menschlichen Bewusstseins in den letzten zweieinhalb Generationen sind ebenso gravierend wie die von Ägypten nach Griechenland oder vom Mittelalter zur Renaissance. All dies wird heute oft als Paradigmenwechsel bezeichnet: Die Wertvorstellungen ändern sich. Aus neueren Untersuchungen geht deutlich hervor, dass einerseits Jugendliche angesichts dieser Herausforderungen verzweifeln und sich in Drogen oder radikale Vereinfachungen flüchten, wo sie leicht in Abhängigkeit von geschickten Demagogen geraten, dass aber andererseits eine wachsende Zahl von ihnen sich bewusst aus überlieferten Formen löst und aktiv das eigene Schicksal zu beeinflussen sucht. Geld, Sicherheit und Anteil am Konsum haben nicht mehr den früheren Stellenwert.[44] Die Schule muss solchen Veränderungen Rechnung tragen.

Ein Paradigmenwechsel

Wer sich in dieser Entwicklung behaupten will, braucht neue Fähigkeiten. Das ist inzwischen eine Binsenweisheit. In Wirklichkeit sind gar keine neuen Fähigkeiten erforderlich, sondern die Nutzung der übersehenen, die Mobilisierung der in Vergessenheit geratenen. Die Ausführungen der vorangegangenen Kapitel sollten zeigen, wie die Waldorfpädagogik durch systematische Ausbildung von praktischen, emotionalen und intellektuellen Anlagen diese Mobilisierung anstrebt, die gleichzeitig eine Stärkung des Selbstbewusstseins bewirken kann. Wenn überall von den Bedingungen des Informationszeitalters gesprochen wird, so übersieht man dabei leicht, dass es nicht darum geht, Informationen zu erhalten, sondern im Gegenteil, sich der Informationsflut gegenüber zu behaupten, kritisch mit ihr umzugehen. Daraus ergeben sich für Schule, Bildung und Ausbildung neue Aufgaben. An den in verschiedenen Ländern praktizierten Lösungsversuchen lassen sich interessante Erkenntnisse gewinnen, die für unsere Betrachtung lehrreich sein können.

Welche Fähigkeiten werden benötigt?

Bildung – Ausbildung

In der Volksrepublik China und einigen asiatischen Ländern ist die Unterscheidung zwischen Bildung und Ausbildung so weitgehend aufgehoben, dass man schon im Kleinkindalter spezifische Begabungen festzustellen sucht, die man dann gezielt fördert. Damit werden spezialisierte Spitzenleistungen erzielt, die dieses Vorgehen vollauf zu rechtfertigen scheinen. Ob es um Computerspezialisten, Dolmetscher, Zirkusartisten, Sportler oder Musiker geht, immer haben es Europäer wie Amerikaner dann schwer, mit solchen Leistungen zu konkurrieren.

Das System hat gravierende Folgen. Wird in China damit die Kindheit verstaatlicht und verplant, so sind es in Japan und anderswo die Eltern, die schon sehr früh ihre Kinder einem unerbittlichen Leistungsdruck aussetzen, um sie zunächst in das schulische und dann in das berufliche Klassifizierungssystem einzuschleusen. In beiden Spielarten werden bereits die Kleinsten nach Gesichtspunkten kurzfristiger gesellschaftlicher Nützlichkeit und beruflicher Karriere sortiert, getrimmt und damit um eine ihrer wichtigsten Entwicklungsphasen betrogen.[45] Die bedrückend hohen Selbstmordraten japanischer Schüler sind nur das auffälligste Anzeichen dafür, dass hier etwas nicht stimmen kann.

An Spitzenleistungen orientieren?

Aus dem engen Blickwinkel einer momentanen Leistung ist es selbstverständlich, dass Schüler in Japan oder Singapur etwa im Rechnen oder im Abstraktionsvermögen besser abschneiden als ihre deutschen Altersgenossen. Der Vergleich ist angesichts der unterschiedlichen Bedingungen aber unsinnig – und doch hat die TIMSS-Studie die europäische Öffentlichkeit erheblich erschreckt.[46] Auffällig ist allerdings, dass asiatische Schüler besonders dort überlegen waren, wo es auf bewegliches Denken ankam.

Selbst vom reinen Nützlichkeitsdenken her kann ein solches System jedoch nur funktionieren, solange sich nicht die Struktur der Arbeitswelt selbst grundlegend ändert, wie das gegenwärtig in fast allen Industrieländern der Fall ist. Erfordern strukturelle Entwicklungen im Lauf des Berufslebens womöglich einen mehrfachen Wechsel des Arbeitsfeldes, so ist ein früh einseitig Ausgebildeteter rasch aus dem Rennen. Angesichts solcher Überlegungen muss es überraschen, dass es auch in Europa nicht an Tendenzen mangelt, die sowohl einer möglichst frühen Einschulung als auch einer Vorverlegung beruflicher Spezialisierung Vorschub leisten – etwa durch spezialisierte Gymnasialzüge.

Strukturen erkennen und verändern

Ein verbreiteter Ansatz besteht darin, die technische und wirtschaftliche Entwicklung als Maßstab anzuerkennen, nach dem sich Bildung zu richten hat; der Grundsatz lautet dann: Je mehr sich ein Schulsystem hierauf einstellt, je früher der junge Mensch dieser Umgebung angepasst wird, desto größer wird der Erfolg im Leben sein. Eine solche Auffassung hat in den vergangenen Jahrzehnten in fast allen westlichen Ländern dazu geführt, dass die Bildungssysteme trotz ständiger Reformen unablässig der Entwicklung hinterherlaufen, statt aktiv auf sie einzuwirken. Dabei fehlt es nicht an Untersuchungen, aus denen tiefere Ursachen erkennbar sind.[47] Die Feststellung von psychischen Notsituationen der Jugend, Werteverfall und mangelnden Basisqualifikationen führt zu punktuellen Reparaturen, aber nicht zu einer Systemveränderung, oder wie Peter Senge es in seinem berühmten Buch formuliert: Nur «wenn wir lernen, die Strukturen wahrzunehmen, in denen wir uns bewegen, befreien wir uns allmählich von den zuvor unerkannten Kräften und erlangen schließlich die Fähigkeit, produktiv mit diesen Strukturen zu arbeiten und sie zu verändern».[48]

Die Waldorfpädagogik hat seit ihren Anfängen den Versuch unternommen, die Kindheit zu bewahren und in der Schulzeit alle menschlichen Fähigkeiten soweit irgend möglich zu entwickeln – nicht um die jungen Menschen zu schonen, sondern um sie gestärkt ins Leben zu entlassen. Da das Umfeld seit 1919 immer mehr einen technisch-merkantilen Charakter angenommen hat, erscheint im Kontrast dazu der Bildungsgang der Waldorfschule «musisch» oder zu wenig leistungsorientiert. Bei näherem Hinsehen legt aber gerade die neueste Entwicklung einen solchen Bildungsansatz nahe. Dabei kann es keine Frage sein, dass auch die Waldorfschule sich veränderten Bedingungen zu stellen hat; eine Reihe von entsprechenden neuen Wegen soll im letzten Kapitel dargestellt werden.

Neue Qualifikationen, neue Kompetenzen

Neue Fähigkeiten: Schlüsselqualifikationen

Betrachten wir etwas genauer, was mit der Forderung nach neuen Fähigkeiten gemeint ist. Wir finden dabei auf der einen Seite die relativ gut definierten, von außen kommenden Anforderungen, unter denen der Umgang mit den neuen Medien der Informationstechnologie an vorderster Stelle steht. Auf der anderen Seite steht die Gruppe der schwerer fassbaren, im Menschen selbst liegenden Fähigkeiten, die man gewöhnlich als Schlüsselqualifikationen bezeichnet: Motivation, Flexibilität, Sozialkompetenz, Teamfähigkeit, Kreativität, Entscheidungsfähigkeit und andere mehr. Aus allem bisher Bekannten lässt sich ahnen, dass fast alle diese Fähigkeiten im Kindergartenalter noch stark vorhanden sind, in der Schulzeit aber eher abnehmen. Über genauere Zusammenhänge kann gegenwärtig nur spekuliert werden, doch die Vermutung liegt nahe, dass dem Spieltrieb und der Offenheit des Kindes dabei entscheidende Bedeutung zukommen und die Erfahrungen mit der Erwachsenenwelt zu Verunsicherung und Enttäuschung führen. Wo es dem Lehrer gelingt, die genannten Qualifikationen vorzuleben und gleichzeitig moralische Maßstäbe zu vermitteln, bleibt auch die Lernfreude der Kinder erhalten; eine frühe Verschulung wird das Gegenteil bewirken.[49]

Vor diesem Hintergrund können wir den Begriff der künstlerischen Pädagogik neu verstehen, den Rudolf Steiner in den Mittelpunkt seiner Kurse gestellt hat. Er verlangt vom Lehrer ein beständiges Üben der Wahrnehmungsfähigkeit: Wahrnehmen des einzelnen Schülers, Wahrnehmen der Klassensituation, Wahrnehmen des eigenen Unterrichtens. Die recht verstandene künstlerische Durchdringung alles Unterrichts verhindert beim Schüler die Ansammlung toten Wissens, d.h. eines Wissens ohne Verbindung mit den Lebensfragen des eigenen Seelenlebens. Immer wieder warnte Steiner vor der Gefahr toter Begriffe. Die Schüler sollten im Unterrichtsprozess Begriffe selbst erarbeiten können und dabei für Fragen und Differenzierungen offen bleiben.

Die Bedeutung einer künstlerischen Pädagogik

Wir könnten nun die neuerdings geforderten Schlüsselqualifikationen der Reihe nach durchgehen und Bezüge zu den geschilderten Bereichen der Waldorfpädagogik aufzeigen, doch sollen einige Hinweise genügen.

Die wichtigste der Schlüsselqualifikationen ist wohl die Motivation. Es ist leicht zu beobachten, dass Kinder und Jugendliche sich mit verblüffender Schnelligkeit Kenntnissse und Fertigkeiten aneignen, wenn sie sich aus eigenem Antrieb einem speziellen Gebiet zuwenden, so dass es ihr Hobby wird. Dabei wird nicht nur eine außergewöhnliche Gedächtnisleistung erbracht, sondern die jungen Experten erreichen oft auch ein gründliches Verständnis für ihr Spezialgebiet und seine spezifischen Probleme. Dabei zeigt sich, dass Motivation wenig mit logischen Argumenten, dagegen viel mit Gefühl zu tun hat; nicht umsonst ist der Begriff des «Feeling» heute jedem Jugendlichen vertraut.

Motivation

Wenn die Schule durch die Gestaltung der Gebäude und Räume, durch Farbe und Schmuck, durch Sprachpflege und Kunst eine Atmosphäre schafft, in der sich Lehrer und Schüler wohl fühlen können, so kann damit eine erste Voraussetzung für Motivation geschaffen werden. Die Vorbildfunktion und das Weltinteresse des Lehrers sowie die Nutzung des richtigen Zeitpunktes können weitere Impulse bewirken.

Nicht weniger wichtig ist die soziale Qualifikation. Hier stehen die Schüler in einem besonderen Zwiespalt: Als berufliche Leitbegriffe werden heutzutage Selbstbehauptung und Durchsetzungsfähigkeit propagiert; Mobbing ist in Betrieben und Behörden keine Seltenheit, im Sport zählen nur die auf dem Treppchen. Der zunehmende Ruf nach Teamfähigkeit und Sozialkompetenz steht dazu im Widerspruch. Wird das Kind in der Schule nicht nur als Einzelperson gefordert, sondern in Klassenverband und Schulgemeinschaft eingebunden, so kann dieser Widerspruch umgewandelt werden. Klassenkameraden unterschiedlicher Begabung lernen aufeinander Rücksicht zu nehmen und ihre jeweiligen Stärken zu erkennen; in Theaterspiel und gemeinsamem Rezitieren, im Orchester und bei vielen anderen Gelegenheiten bringt der Einzelne seine Fähigkeiten in die Gemeinschaft ein. So ist auch im Sport nicht der «objektiv», nach Sekundenbruchteilen Beste herauszustellen, sondern der volle Einsatz der individuellen Kräfte und das Zusammenwirken im Team.

Soziale Qualifikation

Es soll dem Leser überlassen bleiben, in allem bisher Geschilderten weitere Bezüge zu diesen und anderen Schlüsselqualifikationen zu erkennen.

6. Rückblick und Ausblick

Bildungslebensläufe

Seit der Gründung der ersten Waldorfschule im Jahr 1919 sind weltweit etwa 800 Waldorfschulen entstanden, die von derzeit rund 150 000 Schülern besucht werden. Jährlich verlassen allein in Europa etwa 17 000 Schulabgänger eine Waldorfschule. So liegt die Frage nahe, wie sich Waldorfpädagogik in den Lebensläufen auswirkt. Zwar wurden inzwischen mehrere Untersuchungen zu diesem Thema veröffentlicht,[50] doch im Verhältnis zu der schon nicht mehr überschaubaren Gesamtzahl ehemaliger Waldorfschüler sind die bisherigen Dokumentationen recht mager, so dass allgemeine Folgerungen nur mit Vorsicht zu ziehen sind. In den Ausführungen der Befragten findet sich fast durchgängig eine positive Schlussbilanz, doch fehlt es auch nicht an Hinweisen auf Risiken der Waldorfpädagogik oder an anderen kritischen Anmerkungen.

Rückblicke ehemaliger Waldorfschüler

Unter den positiv erwähnten Faktoren zeichnet sich sehr deutlich ein Bereich ab, der mit Wendungen wie «Neugier auf Unbekanntes», «Offenheit für andere Völker und Kulturen» oder «Misstrauen gegenüber Dogmatismen und Vorurteilen» umschrieben wird.

An zweiter Stelle stehen Äußerungen, die eine erworbene Selbstsicherheit auf die Schule zurückführen. Nicht selten wird das erhöhte Interesse für andere Menschen im selben Atemzug genannt. Es verwundert daher nicht, dass Waldorfschüler sich häufiger in Berufen finden, in denen man im weitesten Sinn mit Menschen zu tun hat – als Politiker, Lehrer, Krankenschwester, Arzt, Künstler, Schriftsteller und Architekt, während sie in technischen und kaufmännischen Berufen seltener zu finden sind.

Namen von internationalem Klang scheint es unter Waldorfschülern im Verhältnis nicht mehr und nicht weniger zu geben als unter Absolventen anderer Schulen.

Vorteile und kritische Anmerkungen

In der weitgehenden Gestaltungsautonomie der Lehrer und im erhöhten Gewicht der Lehrerpersönlichkeit sehen «Ehemalige» sowohl einen Vorteil, eine Chance als auch ein besonderes Risiko oder gar eine Gefahr. Einerseits werden vielfach voll Dankbarkeit Namen verehrter Lehrer genannt, die dem Schüler Vorbild waren und mit denen er oftmals noch als Erwachsener Kontakt hält, während man andererseits der Frage begegnet, ob sich Waldorflehrer immer des Gewichts ihrer Verantwortung bewusst sind. Kritische Rückblicke fassen auch Strukturen der Schulführung ins Auge, bei denen für die Schülerperspektive bisweilen die unpersönliche Instanz der Lehrerkonferenz den klar vertretenen Standpunkt des einzelnen Lehrers verdeckt. Aufgaben der Weiterentwicklung in diesem und in anderen Bereichen werden von nicht wenigen ehemaligen Schülern erkannt und geäußert. Mit wenigen Ausnahmen wollen «Ehemalige» ihre eigenen Kinder wiederum auf eine Waldorfschule schicken. Sie können dabei auch die Gelegenheit ergreifen, als Eltern im Schulforum, im Schulvereinsvorstand oder in anderen Gremien an der Weiterentwicklung ihrer Schule mitzuwirken.[51]

Es liegt wohl in der Natur der Sache, dass für alle Schularten der Rückblick auf die Schulzeit mehr von Stimmung und persönlichen Eindrücken geprägt ist als vom erworbenen Wissen. Für die Waldorfschule scheint jedoch die Tatsache besonders zuzutreffen, dass dort zwar das mit dem Kopf Gelernte rasch an Bedeutung verliert, aber die vermittelten Lebenseinstellungen und «Kompetenzen» weiterwirken und das Leben wesentlich mitgestalten.

Waldorfschulen im Wandel

Aus den Äußerungen ehemaliger Waldorfschüler wurde im letzten Abschnitt die Frage erwähnt, die der Schule auch aus der Öffentlichkeit häufig entgegenkommt und die sich der Leser bei der Lektüre ebenfalls des Öfteren gestellt haben mag. Verkürzt lautet sie: Wie muss sich eine 1919 gegründete Schule wandeln, um vor der heutigen Zeit zu bestehen?

Wie muss sich Waldorfpädagogik wandeln?

Wir haben im vorigen Kapitel einen Blick auf die tief greifenden Veränderungen unserer technischen und gesellschaftlichen Umwelt geworfen. Solche Veränderungen wirken auf den Einzelnen zurück, auf sein Weltbild, seine Ziele, sein Selbstverständnis, sein Lebensgefühl. Die Symptome sind bekannt: Auflösung der Familie, der traditionellen Bindungen in Kirche und Gemeinwesen; Verunsicherung und Orientierungslosigkeit; Vorherrschaft finanzieller und wirtschaftlicher Kriterien zur Beurteilung von Lebenserfolg bei schwindender Bedeutung moralischer Werte. Damit einhergehend zunehmendes Auf-sich-selbst-Gestelltsein – eine Chance zur Selbständigkeit und Freiheit, eine Gefährdung durch Vereinsamung.

All dies wirkt sich besonders stark auf unsere Kinder aus. Neil Postman weist darauf hin, dass die Grenze zwischen Erwachsenen und Kindern bereits nahezu aufgelöst ist, und er macht dafür vor allem etwas verantwortlich, was er als «Verlust des Geheimnisses» bezeichnet. Alle Bereiche, zu denen ein Kind erwartungsvoll aufschauen konnte, würden nun öffentlich prostituiert, und damit werde dem Kind ein wesentliches Element seiner Lebenssicherheit genommen. Postman schaut damit gewissermaßen in umgekehrter Richtung auf etwas, was Goethe in der «Pädagogischen Provinz» seines *Wilhelm Meister* als die drei Ehrfurchten, als unerlässliche Voraussetzung der Erziehung beschrieb: Ehrfurcht nach unten gegenüber der Natur, Ehrfurcht im Umkreis gegenüber den Mitmenschen und Ehrfurcht nach oben gegenüber der Welt Gottes.

Wenn auch ein solcher Verlust der Kindheit kaum aufzuhalten ist, so kann doch pädagogisch vieles getan werden, um die Wirksamkeit der kindlichen Kräfte zu erhalten, von denen in den vorangegangenen Kapiteln immer wieder die Rede war. In laufender Fortbildungsarbeit an der eigenen Schule sowie in Fachtagungen auf nationaler und internationaler Ebene gilt es für die Lehrerschaft, Entwicklungen zu erkennen und angemessen zu berücksichtigen.

Kindheitskräfte erhalten

Gerade vor dem Hintergrund aller inzwischen eingetretenen Veränderungen sind jedoch die wichtigsten Grundsätze der Waldorfpädagogik heute eher noch mehr gültig als in der Zeit ihrer ersten Formulierung vor achtzig Jahren. Die Herausforderung setzt heute schon im Kindergartenbereich dort ein, wo wir den beginnenden Einwirkungen begegnen: Die unmittelbare menschliche Begegnung muss gepflegt werden, ohne dass sich das elektronische Medium in Form von «Kinder»-CDs, «Kinder»fernsehen, sprechenden Puppen und anderen Karikaturen des Menschlichen dazwischenschiebt; die Fähigkeiten der Sinneswahrnehmung sind an vielfältigen Materialien, Klängen, Gerüchen und Naturerlebnissen zu schulen, Bewegungsspiele, das Singen und das Sprechen müssen Gelegenheit zur Entfaltung der kindlichen Fähigkeiten bieten. Nach dem Schuleintritt können Waldorflehrer oft überraschende Beobachtungen machen, wenn selbst von Klischees stark vorgeprägte Kinder ihre Eigenkräfte wieder entdecken.

Sinneswahrnehmung schulen

So wird sich die Waldorfschule in den ersten Schuljahren zwar mit Folgen der Reizüberflutung und der Willensschwächung auseinander setzen müssen, im übrigen Methodik und Inhalte aber nicht wesentlich verändern. Die diesbezüglichen Aufgaben sind zunächst in der Lehrerbildung zu berücksichtigen.

Mit dem Übergang in Mittel- und Oberstufe stellen sich neue Fragen. Relativ harmlos beginnen sie beim Unterrichtsstoff: Wo in der Naturkunde die Beobachtung der charakteristischen Eigenarten und die Achtung vor den fein aufeinander abgestimmten Lebensprozessen angelegt wird, ist die außerschulisch parallel laufende Einwirkung attraktiv aufbereiteten Materials zu berücksichtigen, in dem vielfach Tiere als Karikatur des Menschen und die Natur als Disneyland präsentiert werden. Im Unterricht kommt es nun immer mehr darauf an, das eigene Urteil der Kinder und angehenden Jugendlichen zu schärfen, damit sie selbst die Spreu vom Weizen sondern können. Im Verein mit der Fähigkeit zum eigenen Urteil wird außerdem die Ermutigung zur Eigeninitiative eine immer dringlichere Aufgabe der Schule. Hier gibt es noch viel zu tun, und jede Schule sucht ihre Wege, über die sie sich dann wiederum mit Schwesterschulen austauscht.

Urteilsfähigkeit und Eigeninitiative der Schüler fördern

Damit ist ein Stichwort gefallen, das nicht zufällig in diesem Zusammenhang auftritt und mit dem eine der erfreulichsten Öffnungen unserer Zeit auf die Schule einwirkt: Austausch ist heute global zu verstehen, und Eigeninitiative stellt sich dort am wirkungsvollsten ein, wo eine sinnvolle Aufgabe zu ergreifen ist, die zugleich spannende Erfahrungen verspricht. Hier kommt der Waldorfschule ihre weltweite Verbreitung zugute. Sie ermöglicht Unternehmungen wie etwa das Baupraktikum einer Karlsruher Klasse in Rumänien oder den WOW-Day,[52] die vom Einsatz der Schüler getragen werden. Diese werden damit Teilnehmer an zeitgeschichtlichen Vorgängen wie dem Aufbrechen des Ostblocks und der Nord-Süd-Problematik. Eine Reihe europäischer Waldorfschulen sind eingebunden in das Netzwerk der UNESCO-Schulen, das entsprechende Projekte anregt und fördert.

Über alles Kopfwissen hinaus bildet das Anliegen einer aktiven Beteiligung der Oberstufenschüler an der zeitgemäßen Gestaltung ihrer Schule wohl eine der zentralen Zukunftsaufgaben. Ihre Bedeutung wird noch gravierender in Zusammenhang mit dem Phänomen der Sucht, das einem solchen aktiven Engagement entgegenwirkt – ein Phänomen, das noch vor wenigen

Aktive Beteiligung der Oberstufenschüler

Jahrzehnten so gut wie unbekannt war und heute immer jüngere Schülergruppen erfasst, vom Rauchen über Alkoholkonsum bis zum «Sich-zudröhnen-Lassen» mit physiologisch aggressiven Rhythmen und überlauter Musik, bis zum Konsum von Haschisch und Designerdrogen – neben weitgehend als harmlos angesehenen Einstiegsdrogen wie Dauerfernsehen und Computerspielen. Hier gilt es, gemeinsam mit den Schülern Formen des Dialogs zu entwickeln.

Damit betreten wir den konkreten Bereich neuer Schulformen. Ein Beispiel dafür ist die «Kläranlage» einer süddeutschen Waldorfschule – ein Forum zur Klärung kontroverser Punkte und zur Ausarbeitung einvernehmlicher Lösungen. Geht die Beteiligung der Schüler über solche Einzelmaßnahmen hinaus zur Weiterentwicklung von Unterrichtsformen und Inhalten, so führt sie ins Spannungsfeld zwischen kurzfristigen Augenblicksforderungen und der langfristig gesehenen Schulidentität. Je mehr es gelingt, diese Spannung den Schülern verständlich zu machen, desto mehr werden sie in der Lage sein, in größeren Perspektiven zu denken.

Von all diesen Entwicklungen und Auseinandersetzungen mit dem Ziel der Neuorientierung sind selbstverständlich nicht nur Lehrer und Schüler, sondern unausweichlich auch die Eltern betroffen. Wenn innerhalb des eigentlichen Schulbetriebs im Verlauf der aufsteigenden Klassen eine solidarische Zusammenarbeit das Ziel bilden muss, so gilt das in der Gesamtheit einer Waldorfschulgemeinschaft ebenso für die Mitwirkung der Eltern. Stärker als in einer herkömmlichen Mehrheitsdemokratie ist diese Mitwirkung auf die Aktivität möglichst vieler Eltern angewiesen.

Elternengagement

An jeder Waldorfschule gibt es ein Gremium für diese Zusammenarbeit, wobei große Unterschiede in Organisationsformen und Kompetenzen bestehen, an deren Aktualisierung laufend gearbeitet wird. Meist wirken Eltern in speziellen Aufgabenbereichen mit, wie etwa im Baukreis, in der Finanzkommission, in der Öffentlichkeitsarbeit oder im Personalbeirat.[53]

Autonome Schulen gehen eigene Wege

Es wird durch manches bisher Gesagte schon sichtbar geworden sein, dass «Waldorfschule» heute keine starr definierte Form bezeichnet. Jede einzelne Schule ist ein selbständiger Organismus – selbständig in rechtlicher, wirtschaftlicher und pädagogischer Hinsicht. Die Entstehung einer neuen Schule geht meist von der Initiative einer Elterngruppe aus und ist nicht selten mit einer besonderen sozialen oder ökologischen Ausrichtung verbunden. Wohl ist die anthroposophische Menschenkunde Grundlage aller Waldorfschulen, aber auch hier sind verschiedenartige Schwerpunktsetzungen möglich. Einigen Fragen kommt in dieser Hinsicht besondere Aktualität zu:

Grundsatzfragen bei der Gestaltung einer Waldorfschule

- In welchem Maß sollen lebenspraktische, handwerkliche oder gar berufliche Elemente die Schulgestalt bestimmen?
- Inwiefern muss Wissensvermittlung heute in der Oberstufe überhaupt noch praktiziert werden?
- Wie kann die Schule staatliche Abschlüsse und eigene pädagogische Ziele in Einklang bringen?
- Wie ist in Jahrgangsklassen der Tatsache stark unterschiedlicher Begabungen Rechnung zu tragen?
- Welche Integrations- und Fördermöglichkeiten kann die Schule verwirklichen?

Die Antworten auf solche Fragen haben in Deutschland zur Ausprägung unterschiedlicher Waldorfschultypen geführt.[54] Sie können hier nicht vollständig vorgestellt werden, so dass wir uns auf die Vorstellung einiger Beispiele beschränken müssen. Da hier zum Teil sehr eingehende Dokumentationen veröffentlicht sind, wird jeweils nur eine knappe Orientierung gegeben.

Einen ersten Aufsehen erregenden Versuch unternahm die Hiberniaschule in Wanne-Eickel schon 1960. Sie war 1957 als Berufsgrundschule innerhalb der Bergwerksgesellschaft Hibernia AG entstanden, wurde zur Vollwaldorfschule erweitert und bot nun in der Oberstufe neben dem allgemein bildenden Weg eine berufliche Ausbildung an, so dass die Schüler die Schule mit Abitur und Berufsqualifikation verlassen konnten. Damit erhielt die Schule in gewissem Sinn in der Oberstufe zwei parallele Gleise für Kopf und Hand, für Wissen und praktisches Tun; die Trennung von allgemein bildendem und beruflichem Bildungsweg erfolgt erst nach der Schule. Die Chance der Doppelqualifikation und der unmittelbaren Verbindung mit Berufsrealität wurde hier mit einer erhöhten Arbeitsbelastung für die Schüler erkauft, der nicht alle gewachsen waren. Die gewonnenen Erfahrungen haben zu tief greifenden Veränderungen und Erweiterungen des ursprünglichen Ansatzes geführt.[55]

Die Hiberniaschule

Mit ähnlicher Intention gliederte die Kasseler Waldorfschule in den sechziger Jahren ein «Berufsbildendes Gemeinschaftswerk» mit Berufsschule und Lehrwerkstätten auf Grundlage der Waldorfpädagogik an.

Die Michael Bauer Schule in Stuttgart-Vaihingen führt in zwei parallelen Klassenzügen eine herkömmliche Waldorfschule und eine Förderschule; aus der Suche nach einem angemessenen Weg für Jugendliche mit verschiedenartigen Lernbehinderungen ist dort der Michael Bauer Werkhof entstanden, der allgemein bildenden Unterricht mit beruflicher Ausbildung in den Bereichen Holz, Metall und Hauswirtschaft verbindet.

Berufsbildende Aspekte bestimmten auch einen völlig neuartigen Weg, den die Rudolf Steiner Schule München-Gröbenzell einschlug: Hier machen die Schüler berufliche Erfahrungen in Handwerksbetrieben, die zwar selbständig wirtschaften, aber eng mit der Schule verbunden und in einer GmbH zu einem Handwerkerhof zusammengeschlossen sind.[57]

Für den deutschsprachigen Raum ist schließlich noch ein weiteres Aufsehen erregendes Schulmodell zu erwähnen, das aus der Zusammenarbeit dreier Waldorfschulen im schweizerischen Kanton Solothurn entstanden ist. Dort werden in der 9. und 10. Klasse verschiedene dreiwöchige Praktika durchlaufen. In der 11. und 12. Klasse ist die Woche zwischen allgemein bildendem Unterricht in der Schule und beruflichen Praktika in umliegenden Betrieben aufgeteilt. Die Schüler arbeiten für die Dauer von mindestens sechs Monaten jeweils Donnerstags und Freitags im Betrieb, werden dafür entlohnt und legen das Geld in eine gemeinsame Kasse, aus der es nach individuellen Bedüfnissen bzw. Notwendigkeiten verteilt wird. Daneben wird Samstags eine Vorbereitung auf das Abitur angeboten.[58]

Weitere Schulbeispiele

Eine ganze Reihe deutscher Waldorfschulen hat Elemente der hier geschilderten Lösungen in unterschiedlichem Umfang aufgenommen oder arbeitet an eigenen Entwicklungen. Für eine allgemeine Orientierung über bestehende Entwicklungsmodelle mögen jedoch die geschilderten Beispiele genügen.

Andere Länder, andere Schulen

Haben wir im vorigen Abschnitt auf Bestrebungen geschaut, die trennende Kluft zwischen Schule und Arbeitswelt zu überbrücken, so sollen zum Abschluss noch einige Versuche erwähnt werden, Waldorfpädagogik unter anderen kulturellen oder sozialen Vorzeichen zu verwirklichen, als wir sie in Mitteleuropa gewöhnt sind. Es soll dabei weniger von den Waldorfschulen die Rede sein, wie sie mittlerweile in vielen Ländern der Welt bestehen. Diese unterscheiden sich von der in Stuttgart begründeten Urform vor allem durch Anpassung an nationale Traditionen und Inhalte, während Unterrichtsgliederung und Selbstverwaltungsformen weitgehend gleich geblieben sind. Es gibt jedoch eine Reihe von Initiativen, in denen aus der Waldorf-

Waldorfpädagogik in anderen Kulturen

pädagogik völlig neue Strukturen entwickelt wurden und von denen einige vorgestellt werden sollen.[59]

Die eindrucksvollste Unternehmung ist hier zweifellos die pädagogische Arbeit in der «Favela Monte Azul» bei Sao Paulo in Brasilien. Sie geht auf die Initiative eines einzelnen Menschen zurück, und aus dem Blickwinkel unseres Buchtitels könnte man sagen, dass dort zwar umfassend gelernt wird, der Kopf aber eine untergeordnete Rolle spielt. Mit der üblichen Struktur einer Waldorfschule ist Monte Azul nicht zu vergleichen; es ist keine Schule im gewohnten Sinn, wohl aber eine Lebensschule für Kinder und Erwachsene aller Altersstufen. Die Begründerin unterrichtete 1975 an einer großen Waldorfschule in Sao Paulo, einer «normalen» Waldorfschule, die vor allem von Kindern mittlerer und gehobener Bürgerschichten besucht wird, als sie das Elend der Slumkinder zum Handeln impulsierte. Heute werden etwa 700 Kinder und Jugendliche betreut – in Kinderkrippen, Kindergärten, Freizeitschulen und Werkstätten. Einrichtungen der Erwachsenenbildung, eine Gesundheitsstation, Bäckerei, Küchen und Gemüseanbau bilden ein Gefüge, aus dem eine Hüttenstadt mit über 16 000 Bewohnern Perspektiven gewinnt. Betreute der ersten Stunde sind inzwischen zu Mitarbeitern geworden, und Verbindungen zur städtischen Waldorfschule schlagen soziale Brücken. Was Ivan Illich in den sechziger Jahren mit seinem Ruf nach «Entschulung der Gesellschaft» anstrebte, wird in Monte Azul auf der Grundlage des anthroposophischen Menschenbildes praktiziert.

«Favela Monte Azul» bei Sao Paulo

Ein ähnlicher Ansatz liegt der Initiative «Parsifal» in einer Armenvorstadt von Santiago de Chile zugrunde. Auch hier wurde mit Mütterkursen, Kindergarten und Werkstätten für Jugendliche begonnen, an die sich dann eine Schule angliederte.

Einige tausend Kilometer nördlich findet sich an der Nordgrenze der Vereinigten Staaten ein Kindergarten- und Schulprojekt der Oglala-Sioux. In einem der ärmsten Indianerreservate hofft der

Stamm in der Waldorfpädagogik eine Möglichkeit zur Erhaltung und Erneuerung seines spirituellen Erbes zu gewinnen.

Unter völlig anderen Vorzeichen entstand in Ägypten die «Sekem-Schule». Das pharmazeutische Unternehmen von Dr. Ibrahim Abouleish erwarb vor zwanzig Jahren ein großes Wüstengelände am Ostrand des Nildeltas, machte es mit biologisch-dynamischen Methoden für den Heilkräuteranbau urbar und baute gleichzeitig ein Kulturzentrum mit Schule, Lehrerseminar, Gesundheitszentrum und Erwachsenenbildung auf. Waldorfpädagogik verbindet sich hier mit ägyptisch-islamischer Tradition und verwurzelt sich auch in der bäuerlichen Bevölkerung der Umgebung. Gleichzeitig strahlen ökologische Impulse von diesem Zentrum inzwischen auf andere Gebiete Ägyptens aus.

Die «Sekem-Schule» in Ägypten

Bei allen außereuropäischen Einrichtungen ist zu beobachten, wie gewisse Elemente der traditionellen Kultur eine Anknüpfung an das anthroposophische Menschenbild ergeben und dabei soziale Gegensätze überwinden. Wo neben der einseitigen Kopfintelligenz andere Fähigkeiten aufgewertet werden, gewinnen die Menschen neues Selbstbewusstsein, aus dem Initiativkräfte gestärkt werden. Besonders deutlich wird dies bei Schulgründungen in den südafrikanischen Townships, etwa der von Alexandra bei Johannesburg. Es ist wohl unvermeidlich, dass dabei auch größte finanzielle, organisatorische und personelle Schwierigkeiten zu überwinden sind. Meist ist es der kompromisslose Einsatz einzelner Menschen, der einen Anfang ermöglicht, aber nicht immer finden sich genügend Gleichgesinnte, die das Begonnene weitertragen.

Soziale Gegensätze überwinden

Eine andere Situation zeigt sich in Osteuropa. Nach 1989 haben die Länder des ehemaligen Ostblocks reges Interesse für ein freies Schulwesen entwickelt. Dabei fand die Waldorfpädagogik Eingang in das staatliche Schulsystem, und es bildeten sich Formen, bei denen sich staatliche Trägerschaft mit Elterninitiative und freier

Lehrplangestaltung verbinden. Der radikalste Versuch in dieser Richtung ist wohl das Vorhaben, das gesamte Schulwesen der ukrainischen Hauptstadt auf waldorfpädagogischer Grundlage umzugestalten.

In unserer Darstellung war bisher nur von Schulen für «normale» Kinder die Rede. Ein weites Wirkungsfeld der Waldorfpädagogik erstreckt sich darüber hinaus auf die weltweite Arbeit für Kinder und Jugendliche mit verschiedenartigsten Behinderungen oder Schädigungen. Selbst ein allgemeinster Überblick über entsprechende Einrichtungen würde jedoch unseren Rahmen sprengen.

Der Kopf lernt mit dem Kind

Bei allem Gesagten konnte es sich nur um den Versuch handeln, die Aufmerksamkeit auf die Tatsache zu lenken, dass rationales Denken in der kindlichen Entwicklung wie im späteren Leben bei weitem nicht die exklusive Rolle spielt, die ihm das übliche Schulsystem einräumt. Selbstverständlich lernt das Kind auch mit dem Kopf. Besser wäre es aber wohl, den Satz umzukehren: Der Kopf lernt mit dem Kind.

«Es ist an der Zeit, dass wir unsere Methoden des Lernens und der Erziehung nicht nach veralteten unbegründeten dogmatischen Theorien ausrichten, sondern danach, was man über den Menschen im Hinblick auf Lernen und Gedächtnis tatsächlich weiß! ... Wurde die Unreife des Gehirns des Neugeborenen bislang zumeist als notwendiges Übel betrachtet, das durch die Komplexität des Gehirns mit sich gebracht wird, so erscheint sie nun als notwendige Voraussetzung für das Erlernen komplexer Zusammenhänge», schreibt Manfred Spitzer.[60] Mit anderen Worten: Im Kind sind Entwicklungsimpulse verborgen, die das Reifen des Gehirns erst möglich machen, aber eben nicht nur im Gehirn und den «Kopffähigkeiten» wirken, sondern in einer ganzen Reihe weiterer «Intelligenzen». Die Waldorfschule ist nicht der einzige Ort, wo aus dieser Erkenntnis heraus erzogen wird; ihr Menschenbild und der daraus hervorgehende Ansatz sind aber vielleicht die konsequenteste Form ihrer Verwirklichung.

Anmerkungen

Die eingangs zitierte Rede des Bundespräsidenten sowie eine Reihe weiterer für unser Thema relevante Aufsätze sind veröffentlicht in Michael Rutz (Hrsg.): *Aufbruch in der Bildungspolitik*, München 1997.

1 Definition der Verordnung der baden-württembergischen Landesregierung über die Freien Waldorfschulen vom 13.11.1973.

2 Dietrich Esterl: *Welche Abschlüsse gibt es an Waldorfschulen?*, Stuttgart 1997.

3 Neil Postman: *Keine Götter mehr. Das Ende der Erziehung*, Berlin 1995, S. 58.

4 Deutscher Bildungsrat: *Strukturplan für das Bildungswesen*, Berlin 1970, S. 33.

5 P. Bieri (Freie Universität Berlin), zitiert nach *DIE ZEIT*, 25.6.1998.

6 Giovanni Pico della Mirandola: *Über die Würde des Menschen*, Fribourg / Frankfurt / Wien o.J.; eine neuere Übersetzung von Dora Baker: *Giovanni Pico della Mirandola*, Dornach 1983, S. 66.

7 Widersprüchlichste Theorien dazu wurden im Frühjahr 1998 auf einem Fachkongress in Bremen diskutiert. Neuere Zusammenfassungen bei Ulrich Schnabel / Andreas Sentker: *Wie kommt die Welt in den Kopf? Reise durch die Werkstätten der Bewusstseinsforscher*, Reinbek 1998, und bei R. Sperry: *Naturwissenschaft und Wertentscheidung*, München / Zürich 1985. Sperry bezeichnet sich als Mentalisten und fasst seine Argumentation unter der Formel «Geist über Materie» zusammen, definiert also das Bewusstsein wie Steiner als geistige, nicht als leibliche Beobachtungs- und Lenkungsinstanz (S. 59).

8 Unter Berücksichtigung neuerer Forschungsergebnisse findet sich die Problematik dargestellt bei Tor Nørretranders: *Spüre die Welt. Die Wissenschaft des Bewusstseins*, Reinbek 1997, insbesondere in Kapitel 3.

9 Alfred Adler: *Menschenkenntnis*, Frankfurt/M. 1966, S. 29. Ähnliche Überlegungen finden sich bei P. Johnson: The functional equivalence of imagery and movement, in: *Quarterly Journal of Experimental Psychology*, 1982, S. 349 ff.

10 Zum Beispiel Lothar Tent u.a.: *Erkennen, Wollen, Handeln*, Göttingen 1981.

11 Christoph Jaffke: *Fremdsprachenunterricht auf der Primarstufe*, Weinheim 1996; Peter Lutzker: *Der Sprachsinn*, Stuttgart 1996; Alfred Tomatis: *L'oreille et la voix*, Paris 1987.

12 Rudolf Steiner, *Geisteswissenschaftliche Behandlung sozialer und pädagogischer Fragen*, GA 192, Dornach 1964, Vortrag vom 18.5.1919, S. 122.

13 Vgl. dazu ausführlich Alfred Adler, a.a.O. (Anm. 9), S. 90 ff., unter Berufung auf den Pädagogen Groß: «Im Spiel äußert sich regelmäßig die Vorbereitung auf die Zukunft.» Das im Folgenden über die menschlichen Wesensglieder Gesagte entwickelt Steiner z.B. in der *Theosophie* (GA 9, Dornach ^{31}1987). Dazu Stefan Leber: *Die Menschenkunde der Waldorfpädagogik*, Stuttgart 1994.

14 Steiner spricht darüber an zahlreichen Stellen, z.B. in: *Menschenerkenntnis und Unterrichtsgestaltung*, GA 302a, Vorträge vom 16.9.1920 und 21.6.1922.

15 Rudolf Steiner: *Allgemeine Menschenkunde als Grundlage der Pädagogik*, GA 293, Dornach ^{9}1992, S. 71 f. Vgl. auch die Ausführungen von Ernst-Michael Kranich in: Fritz Bohnsack / Ernst-Michael Kranich (Hrsg.): *Erziehungswissenschaft und Waldorfpädagogik*, Weinheim / Basel 1990, S. 96 – 139.

16 Zum ersten Beispiel: Daniel Goleman, *Kreativität neu entdecken*, München / Wien 1997, S. 64 f.; Peretz Lavie: *Die wundersame Welt des Schlafes*, Berlin 1997, S. 32 f., 40, 48; H. G. Niebeling: *Einführung in die Elektroenzephalographie*, Berlin / Heidelberg / New York 1980, S. 152 f. Zum zweiten Beispiel: Arthur Zajonc: *Die gemeinsame Geschichte von Licht und Bewusstsein*, Reinbek 1997, S. 16.

17 Zitat aus Rita Steckel / Clemens Trudewind: Aggression in Videospielen, in: *Computerspiele – Theorie, Forschung, Praxis. Handbuch Medien*, hrsg. von Jürgen Fritz und Wolfgang Fehr, Bundeszentrale für politische Bildung, Bonn 1997, S. 219. Titel der amerikanischen Studie: L. D. Eron / L. R. Huesman: *The role of television in the development of prosocial and antisocial behaviour*, New York 1986, S. 285–314.

18 Schulgesetz von Baden-Württemberg, §1; Bildungsplan der Hauptschule 1994.

19 Martin Turner und National Foundation for Pedagogical Research in England & Wales; zitiert in *Sunday Times*, 5. Oktober 1997, S. 18.

20 Ernst-Michael Kranich: *Pädagogische Projekte und ihre Folgen*, Stuttgart [2]1971; Hermann Giesecke: *Pädagogische Illusionen. Lehren aus 30 Jahren Bildungspolitik*, Stuttgart 1998.

21 A.a.O. (Anm. 14).

22 Peter M. Senge: *Die fünfte Disziplin. Kunst und Praxis der lernenden Organisation*, Stuttgart [5]1998, S. 75 ff.

23 Rudolf Steiner: *Die Philosophie der Freiheit*, GA 4, Dornach [16]1995.

24 Propositions pour l'enseignement de l'avenir. Elaborées à la demande de Monsieur le Président de la République par les Professeurs du Collège de France, Paris 1985. Übersetzt bei Sebastian Müller-Rolli (Hrsg.): *Das Bildungswesen der Zukunft*, Stuttgart 1987, S. 258.

25 Der amerikanische Physiker Michio Kaku etwa ist in seiner umfassenden Bestandsaufnahme (*Zukunftsvisionen. Wie Wissenschaft und Technik des 21. Jahrhunderts unser Leben revolutionieren wird*, München 1998) überzeugt, dass in fünfzig Jahren Computer mit Bewusstsein und Gefühlen zur Verfügung stehen werden.

26 Zusammengefasst bei Howard Gardner: *Abschied vom IQ*, Stuttgart [2]1998. Vereinfachte Wiedergabe bei Daniel Goleman, a.a.O. (Anm. 16), S. 85–93. Vgl. auch Daniel Goleman: *Emotionale Intelligenz*, München 1996.

27 Vortrag vom 16.9.1920, a.a.O. (Anm. 14).

28 Gardner, a.a.O. (Anm. 26), S. 100–123.

29 Im Herbst 1998 geht aufgrund einer Notiz in der Zeitschrift *Nature* (Bd. 396) die Meldung einer interessanten Entdeckung durch die Presse: Durch Musizieren vor dem zwölften Lebensjahr erweitern sich die linke Hirnhälfte und das Kleinhirn mit der Folge einer verbesserten Sprachfähigkeit. Ähnliches wird auf dem Jahreskongress 1998 der Neurologen in Los Angeles festgestellt (vgl. oben, S. 37).

30 A.a.O. (Anm. 20).

31 Aus einer speziellen Sicht dazu Eberhard Fincke: *Die Wiederentdeckung der sozialen Intelligenz*, Stuttgart 1997.

32 Im Zusammenhang mit unserer Fragestellung zitiert von Neil Postman, a.a.O. (Anm. 3), Kap. 3.

33 Ein Überblick findet sich bei L. Cuban: *Teachers and Machines. The*

Classroom Use of Technology since 1920, New York 1986; L. Cuban / D. Tyack: *Tinkering towards Utopia,* New York 1995.

34 Eine Forschungsgruppe der Universität Bremen hat amerikanische Erfahrungen ausgewertet und eine Kostenberechnung für Deutschland versucht; danach kommen zu jährlichen Investitionskosten von zunächst ca. 3,3 Mrd DM laufende Folgekosten von ca. 30–45% («Wer macht die Schulen fit für die Informationsgesellschaft?», in: *Frankfurter Rundschau,* 17.10.1998).

35 Josef Weizenbaum: *Das Menschenbild im Lichte der künstlichen Intelligenz,* Heidelberg 1992 (Tonband-Cassette der Autobahn-Uni); ders.: *Kurs auf den Eisberg,* München 1991; ders.: *Macht der Computer und Ohnmacht der Vernunft,* Frankfurt/M. [5]1985; ders.: *Wer erfindet die Computermythen?,* Freiburg [3]1994; Stephen Talbot: *The Future does not compute,* New York 1998.

36 Kommunikative Kompetenz versus Computer-Alphabetismus, in: Sebastian Müller-Rolli (Hrsg.), a.a.O. (Anm. 24), S. 104; die folgenden Zitate finden sich auf den Seiten 107 und 113. Eurichs Vermutung wird bestätigt durch Aussagen wie die des Erziehungswissenschaftlers Peter Struck: «Auf jeden Fall sind die Kinder mit ihren neuen multimediabedingten und -fähigen Hirnvernetzungen ... arbeitsweltgeeigneter als Kinder, die ohne Fernseher, Computer und Gameboy aufwachsen» (in: *Erziehung von gestern, Schüler von heute, Schule von morgen,* München 1997).

37 Zu dem gesamten Fragenkomplex bietet das in Anm. 17 zitierte *Handbuch Medien* der Bundeszentrale für politische Bildung reichhaltiges Material. Insgesamt ist in der Diskussion eine Tendenz festzustellen, die Einführung der Informationstechnologie in die Schule ungeachtet aller Bedenken weiter zu betreiben; ein charakteristisches Beispiel dafür ist der Bericht eines europäischen Seminars für Geschichtslehrer *(History teaching and information technology,* Espoo/Finnland, März 1998. Dokument DECS/EDU/INSET (98) 2 des Europarats). Dort werden auf S. 9 schwer wiegende Bedenken von Teilnehmern in sechs Zeilen wiedergegeben, von denen aber in der Zusammenfassung keine Rede mehr ist. Eine Übersicht über den aktuellen Stand in Baden-Württemberg findet sich in der *Badischen Zeitung* vom 15. Juli 1998 («Didaktische Anarchie beim Lernen mit der Maus»).

38 Vgl. dazu Ernst Schuberth: *Erziehung in einer Computergesellschaft,*

Stuttgart 1990; Informationen zum Thema finden sich auch in der Broschüre von W. Schäfer: *Rudolf Steiner über die technischen Bild- und Tonmedien* des «Verein für Medienforschung und Kulturförderung», Saarbrückener Str. 36, 28211 Bremen, sowie im Internet unter http://www.goetheanum.ch/leute/heertsch.htm.

39 Dazu Jürgen Fritz u.a. im *Handbuch Medien*, a.a.O. (Anm. 17), S. 201, sowie ders., Langeweile, Stress und Flow, ebd., S. 207–215, und Mihaly Csikszentmihalyi: *Das Flow-Erlebnis*, Stuttgart 1992.

40 Hauptunterricht findet während der gesamten Schulzeit jeden Morgen während einer Doppelstunde von Schulbeginn bis zur großen Pause statt. Er umfasst in Epochen von zwei bis fünf Wochen die Kulturtechniken und die Themen des Sachunterrichts der Klassen 1 bis 8 und wird in dieser ganzen Zeit vom Klassenlehrer gegeben. Ab Klasse 9 unterrichten in den Hauptunterrichtsepochen wechselnde Fachlehrer.

41 Matti Bergström: *Children, Creativity and Culture*; ders.: *Neuropädagogik. Eine Schule für das ganze Gehirn* (auf Schwedisch). Stockholm 1995.

42 In Baden-Württemberg und einigen anderen Bundesländern werden die entsprechenden Epochen und Praktika als eine der Prüfungsvoraussetzungen der Fachhochschulreifeprüfung angerechnet.

43 Berichtsheft 1998 der Freien Waldorfschule Böblingen.

44 Peter Kupka: *Arbeit und Persönlichkeitsentwicklung im Jugendalter*, Universität Bremen 1993, ZWE Arbeit und Religion, Forschungsberichte Nr. 3, S. 172 ff., sowie Shell-Jugendbericht 1997.

45 Dagegen: *Lernfähigkeit: Unser verborgener Reichtum. UNESCO-Bericht zur Bildung für das 21. Jahrhundert*, Neuwied / Kriftel / Berlin 1997, besonders S. 69 und 75 f.; vgl. auch Barry Sanders: *Der Verlust der Sprachkultur*, Frankfurt am Main [3]1995.

46 Max-Planck-Institut für Bildungsforschung: *TIMSS-Studie:* J. Baumert / R. Lehmann: *Textaufgaben Mathematik*, Berlin 1998.

47 Dazu u.a. die groß angelegte Befragung von Schülern und Schulen in Frankreich 1997; Jugendstudien von Shell, der UNESCO, der Bertelsmann-Stiftung; Delphi-Studie 1998 des Bundesbildungsministeriums: *Zur globalen Entwicklung von Wissenschaft und Technik*; SCHOLASTIK-Projekt von Franz E. Weinert / Andreas Helmke: *Entwicklung im Grundschulalter*, Weinheim 1997.

48 Peter M. Senge, a.a.O. (Anm. 22), S. 118.

49 Genaueres zur «Lernfreude» bei Weinert / Helmke, a.a.O. (Anm. 47).

50 1976/77 wurden in einer Studie des Bundesbildungsministeriums erstmals Werdegänge ehemaliger Waldorfschüler in größerem Umfang untersucht. Es folgte eine punktuelle Studie für eine Waldorfschule besonderer Prägung: L. Gessler: *Bildungserfolg im Spiegel von Bildungsbiographien*, Frankfurt am Main 1988; des weiteren die Studie von Michael Brater / E. U. Wehle: *Bildungs- und Berufsbiographien ehemaliger Kasseler Waldorfschüler*, Frankfurt am Main 1982. 1993 legte die Vrije School Den Haag anlässlich ihres 70-jährigen Bestehens Lebensüberblicke von 228 ehemaligen Schülern vor: M. A. de Bruijn: *Spiegelend Perspectief. De Vrije School Den Haag 70 jaar*, Den Haag 1993. Als jüngste Veröffentlichung erschienen 1998 Gespräche mit neunzehn früheren Schülern verschiedener deutscher Waldorfschulen: Monika Schopf-Beige: *Bestanden. Lebenswege ehemaliger Waldorfschüler*, Stuttgart 1998. Eine größere Studie für den britischen Raum ist in Vorbereitung.

51 Vgl. Michael Harslem: *Wie arbeiten Eltern und Lehrer zusammen?*, Stuttgart 1998.

52 Waldorf-One-World, ein Tag, an dem europäische Waldorfschüler arbeiten und den Verdienst für bestimmte Entwicklungsprojekte zur Verfügung stellen – eine Kinderschutzinitiative in Thailand, ein Straßenkinderprojekt in Kolumbien, ein Schulvorhaben nordamerikanischer Indianer, die Sporthalle für eine Schule einer südafrikanischen Township und ähnliche Projekte.

53 Vgl. Michael Harslem, a.a.O. (Anm. 51).

54 Über einige dieser Schulformen liegen Veröffentlichungen vor, z.B.: Sönke Bai, Wilhelm Ernst Barkhoff u.a.: *Die Rudolf Steiner Schule Ruhrgebiet – eine Schule sieht sich selbst*, Reinbek 1976; Peter Fauser / Klaus J. Fintelmann / Andreas Flitner (Hrsg.): *Lernen mit Kopf und Hand. Berichte und Anstöße zum praktischen Lernen in der Schule*, Weinheim 1983; Friedrich Edding / Cornelia Mattern / Peter Schneider: *Praktisches Lernen in der Hibernia-Pädagogik*, Stuttgart 1985; Georg Rist / Peter Schneider: *Die Hibernia-Schule. Von der Lehrwerkstatt zur Gesamtschule*, Reinbek ^{2}1982; Thomas Stöckli und Rudolf Wepfer (Hrsg.): *Die Schule am Wildbach*, Dornach 1997.

55 Georg Rist / Peter Schneider, a.a.O. (Anm. 54).

56 Erhard Fucke: *Berufliche und allgemeine Bildung in der Sekundarstufe*

II, Stuttgart 1976.

57 Michael Brater / Claudia Munz: *Zusammenarbeit von Schule und Handwerk*, Weinheim 1996; Gerhard Herz / Michael Brater / Till von Grotthus: Eltern und Lehrer gestalten ihre Kooperationsformen, in: *Erziehungskunst*, 10/1990, S. 796 ff.

58 Vgl. dazu auch das Berichtsheft des Bundes der Freien Waldorfschulen, *Erziehungskunst*, 12/1998, S. 1478 – 1487.

59 Vgl. Stefan Leber, *Anthroposophie und Waldorfpädagogik in den Kulturen der Welt*, Stuttgart 1997.

60 Manfred Spitzer: *Geist im Netz. Modelle für Lernen, Denken und Handeln*, Heidelberg / Berlin / Oxford 1996, S. 203 / 205.

Erhard Dahl

Wie lernt man fremde Sprachen?

Eine Einführung in den Fremdsprachenunterricht an Waldorfschulen
Elternfragen an die Schule
91 Seiten, kartoniert.

Fremde Sprachen beherrschen – fremde Kulturen verstehen

Anschaulich schildert Erhard Dahl Ziele und Methoden des Fremdsprachenunterrichts an der Waldorfschule für die verschiedenen Altersstufen. Er zeigt, wie die Schüler sich einen Wortschatz erarbeiten, Grammatik lernen und durch die Lektüre in die Vielfalt der fremden Sprache eingeführt werden. Überzeugend beantwortet Dahl auch die immer wiederkehrenden Fragen, wie und ab wann die Schüler Vokabeln lernen und ob im Unterricht nicht ein Lehrbuch verwendet werden müsste.

Deutlich wird der zugrunde liegende Ansatz der Waldorfpädagogik: Sprache als umfassendes Bildungsmittel anzusehen, das den Einzelnen in allen Bereichen seines Denkens, Empfindens und Handelns prägt. Insofern bietet jede fremde Sprache auch die Chance, andere Denk- und Erlebnisweisen kennen zu lernen und dadurch Selbst- und Welterkenntnis zu erweitern.

Dietrich Esterl

Welche Abschlüsse gibt es an Waldorfschulen?

Elternfragen an die Schule
90 Seiten, kartoniert.

Abschlussprüfungen – Informationen und Hintergründe

Dietrich Esterl greift die zentralen Fragen auf, die sich im Zusammenhang mit den Abschlüssen an Waldorfschulen stellen: Welche Bedeutung haben die Schulabschlüsse? Wie entscheidet sich, welche Prüfung ein Waldorfschüler ablegt? Wie gestaltet sich der Übergang zwischen der Waldorfschulzeit und dem späteren Leben in der Praxis?

Der Leser findet hier die wesentlichen Informationen über die verschiedenen Prüfungsmodalitäten, über pädagogische, gesellschaftspolitische und rechtliche Aspekte der Abschlüsse und über alternative Prüfungsformen, die dem Konzept der Waldorfpädagogik eher entsprechen.

Stefan Leber (Hg.)

Waldorfschule heute

Einführung in die Lebensformen einer Pädagogik.
Praxis Anthroposophie 21
384 Seiten, kartoniert.

Eine aktuelle und grundlegende Einführung in die Lebensformen der Waldorfpädagogik. Sie wendet sich an Eltern und Pädagogen, die die Begegnung mit der Waldorfpädagogik suchen.

Aus dem Inhalt:
Die Waldorfschulen in der Bildungslandschaft der Bundesrepublik seit 1945 / Das Ich in der Entwicklung des Kindes / Idee und Ausbreitung der Waldorfkindergärten / Individuelles Lernen / Die leiblichen Grundlagen des Lernens / Erziehung als therapeutische Aufgabe / Das Zusammenwirken von Eltern und Lehrern in der Schulgemeinschaft / Eltern und Lehrer im Dialog / Wie man Waldorfschüler wird / Der Klassenlehrer an einer Waldorfschule / Unterrichten in der Oberstufe / Über den Umgang mit Rudolf Steiners Schriften und Vorträgen.

Verlag Freies Geistesleben